国家出版基金项目
“十三五”国家重点出版物出版规划项目
安徽省文化强省建设专项资金项目

查密莉雅 白轮船

Джамиля Белый пароход

［吉尔吉斯斯坦］钦吉斯·艾特玛托夫◎著
力 冈◎译

安徽师范大学出版社
·芜湖·

图书在版编目(CIP)数据

查密莉雅；白轮船/(吉尔吉斯斯坦)钦吉斯·艾特玛托夫著；力冈译.—芜湖：安徽师范大学出版社，2018.1

(力冈译文全集;1)

ISBN 978-7-5676-3266-0

Ⅰ.①查… Ⅱ.①钦… ②力… Ⅲ.①中篇小说-小说集-吉尔吉斯-现代 Ⅳ.①I365.45

中国版本图书馆CIP数据核字(2017)第260797号

查密莉雅 白轮船 [吉尔吉斯斯坦]钦吉斯·艾特玛托夫◎著

ZHAMILIYA BAI LUNCHUAN 力 冈◎译

责任编辑：胡志恒

装帧设计：刘 畅 桑国磊

出版发行：安徽师范大学出版社

芜湖市九华南路189号安徽师范大学花津校区

网 址：http://www.ahnupress.com/

发 行 部：0553-3883578 5910327 5910310(传真)

印 刷：浙江新华数码印务有限公司

版 次：2018年1月第1版

印 次：2018年1月第1次印刷

规 格：880 mm×1230 mm 1/32

印 张：7.5

字 数：177千字

书 号：ISBN 978-7-5676-3266-0

定 价：49.00元

出版说明

力冈（1926—1997），本名王桂荣，山东广饶人，生前为安徽师范大学外语系教授，俄语文学翻译家。1950年考入哈尔滨外国语专门学校学习俄语，1953年毕业后到安徽师范大学从事俄语的教学和研究、俄国文学的翻译工作，并逐步成长为我国从事俄语教学和研究的著名教授，俄罗斯文学研究和翻译的大家。

为了纪念力冈先生逝世二十周年，彰显力冈先生杰出的翻译成就和崇高的翻译精神，我们隆重推出《力冈译文全集》。我们相信，全集的出版，对于整理我国翻译文学的优秀作品，对于我国外国文学学科尤其是翻译学科的基础建设，对于促进中俄文化交流，都具有非常重要的意义。

《力冈译文全集》收录了力冈先生一生翻译的全部作品，按翻译时间顺序依次编排，共19卷23册，800余万字：

第1卷：收录《查密莉雅　白轮船》；

第2卷：收录《高尔基传》；

第3卷：收录《爱的归宿》；

第4卷：收录《野茫茫》；

第5卷：收录《儿时伙伴》；

第6卷：收录《悠悠儿时情》；

第7卷：收录《别林斯基传》；

第8卷：收录《静静的顿河》（全三册）；

第9卷：收录《日瓦戈医生》；

第10卷：收录《十日谈续编》；

第11卷：收录《生活与命运》（全二册）；

第12卷：收录《含泪的圆舞曲》；

第13卷：收录《安娜·卡列尼娜》（全二册）；

第14卷：收录《复活》；

第15卷：收录《猎人笔记》；

第16卷：收录《当代英雄》；

第17卷：收录《普希金作品选》；

第18卷：收录《罪与罚》；

第19卷：收录了力冈先生生前未发表的作品《马加尔的梦》，并附录手稿影印件。

《力冈译文全集》所收译作，尽量尊重译者的行文习惯和翻译风格，尽量保持译作发表或出版时的原貌，本次出版除订正明显录排错讹、将部分词语改为现今推荐用法外，一般不作更动。

《力冈译文全集》，2016年入选国家"十三五"重点图书出版规划；2017年获得国家出版基金资助，同时获得安徽省文化强省建设专项资金重点资助。

《力冈译文全集》的出版得到了力冈先生的女儿王燕老师的

授权，她为出版提供了编辑工作所需要的大部分资料、原版样书以及力冈先生的手稿，并撰写了回忆文章《怀念父亲》。力冈先生的学生，中国俄罗斯文学研究会会长刘文飞教授、浙江省比较文学与外国文学学会会长吴笛教授等对全集的出版给予了极大的支持、帮助和指导，刘文飞教授还为全集作总序，吴笛教授还撰写了纪念文章《在悲怆的境界中抒写诗意人生》（代后记），从中可见力冈先生和学生之间的深厚情谊！

《力冈译文全集》在编辑出版过程中得到了安徽师范大学校领导以及安徽师范大学外国语学院、美术学院等单位的领导、专家的帮助和支持！

在《力冈译文全集》出版之际，谨向所有关心、支持和帮助全集出版的各界人士致以诚挚的谢意！

安徽师范大学出版社

二〇一七年十二月

力冈先生文学翻译的历史意义

——序《力冈译文全集》

刘文飞
中国俄罗斯文学研究会会长

在力冈先生诞辰91周年的今天,在力冈先生去世20年后的当下,在洋洋19卷23册的《力冈译文全集》面世的此刻,我们终于可以试着归纳一下他的文学翻译所具有的历史意义了。

一

力冈先生的文学翻译苦行僧形象是具有典型意义和感召力量的,这是中国老一辈俄苏文学翻译家留下的一个苍凉背影,也是他们为自己建起的一座"非人工的纪念碑"。翻译是一项苦差事,是需要坐冷板凳的,是一项付出和回报往往不成正比的工作,是一种注定要与孤独和寂寞为伴的工作。文学翻译至少需要出色地掌握两种语言,而好的外语或许能让人找到另外一种更为轻松、更有利可图的工作,好的翻译家若用其母语来进行创作,大约自己也能写出像样的文学作品来。可是,文学翻译似乎像电子游戏、像吸食鸦片一样是一种能让人上瘾的事情,一旦上手,一旦品味到其中的甘苦,往往便欲罢不能。始自玄奘的翻译姿态和翻译精神，似乎成了中国一代又一代译者的宿命，即专注和吃苦，苦修和执着。

力冈先生1926年生于山东乡间，自幼失去母亲，生活贫苦，到他上中学时，家乡被日寇占领，他流亡河南、甘肃、陕西等地。1950年，他考入哈尔滨外国语专门学校俄语专业，毕业后志愿来到安徽师范大学任教，不久就开始了文学翻译工作，陆续在报刊上发表一些短篇译作，至1956年，他的单行本译作《里雅希柯小说集》已由上海新文艺出版社推出。然而次年，他便在反右运动中蒙冤，被开除公职，押往新生耐火材料厂劳教。1960年7月，他因“劳动表现突出”被摘掉右派帽子，重返学校，他在教学之余立即重拾译笔，在短短数月间便译出苏联作家艾特马托夫的中篇小说《查密莉雅》，这篇译作在《世界文学》杂志1961年第10期刊出，引起轰动，“力冈”这一译家大名从此进入人们的视野。就在力冈先生准备大展宏图、施展拳脚的时候，“文化大革命”却突如其来，1968年，他再度被逐出校园，下放至宣城地区新田公社劳动改造，直到“文革”结束后的1978年方得以重返讲台，此时他已过天命之年，用他自己的话说就是：“噩梦醒来，已是人生的黄昏。”文学翻译需要天赋，但也是一种力气活，在对于一位翻译家而言的黄金时期，即30—50岁，力冈先生却两度蒙冤，两度再拾译笔，重新开始，这需要何等的勇气和坚韧！他两落三起的翻译经历，几乎就是20世纪五六十年代中国的俄苏文学翻译家们跌宕起伏的人生经历的缩影，就是那一时代中国知识分子命运的象征。令人惊讶的是，重返译坛的力冈先生以超乎常人的工作激情和翻译速度，在1978年后的20年间陆续出版20余部译著，平均每年一部，总字数达700余万。在20世纪80年代，最初几部译著的出版使力冈先生挣到了以当时标准看相当不菲的稿酬，甚至成为所谓“万元户”，但他似乎无暇也无意去享受自己的劳动成果，依然粗茶淡饭，素衣裹身，与此同时却以更大的热情继续译事，终日伏案，不懈地爬格子。1997年2月，力冈先生因肝癌病在芜湖弋矶山医院逝世，据家人说，他在生命的最后时刻仍在念叨着未译完的最后一部译作《罪与罚》。我们或许可以说，他是被文学翻译累死的；我们肯定可以说，文学翻译是他最为看重的毕生事业。

力冈先生少年时四处漂泊，中年时命运多舛，老年时病魔缠身，他的一生似乎都不是给最需要安宁和平静的翻译家所准备的；力冈先生的职业是教师，他偏居小城，又不善交际，这些似乎都不构成他迅速成长为一位全国著名翻译家的前提条件。但是，正如吴笛教授在他纪念力冈先生的文章中所言：“他的一生就是用出人意料的成就表现了悲怆的境界。面对种种意想不到的遭遇和不公，他并没有沉沦，也没有片面地记恨，而是在艰难的岁月中怀着对人性的憧憬，将厄运升华为创作的动力，在逆境中不忘呼唤人性和仁爱，将种种遭遇视为生命中的财富，在悲怆的境界中抒写诗意人生，毫不气馁地追求生命的意义，在自己所献身的俄罗斯文学翻译事业中，做出了杰出的贡献。”

普希金说过：“译者是文明的驿马。”笔者曾对此说法加以引申：“如果说广义的译者是文明的驿马，那么专事文学翻译的人士便是‘文学的驿马’了。凑巧的是，在汉语中，译者的‘译’和驿马的‘驿’不仅同音，而且在词源、词形和词义上也很相近，区别似乎仅在于后者为‘马儿’而前者是‘文人’（言者）。……用在驿站间往复奔波的马儿来形容译者，每个有过译事经验的人大约都能在这个比喻中品味出某种艰苦和辛酸，甚至是束缚和无奈。……既要有出众的能力还要有忍辱负重的秉性，日复一日的奔波只能换得微薄的粮草，还得时刻提防路途中遍布的坑洼和沼泽，能善此业者非驿马莫属也。”力冈先生就是这样一匹忍辱负重、砥砺前行的“文学的驿马”。力冈先生以他的作为告诉我们，文学翻译是一项可以托付终生的事业，是一种富有意义的存在方式；力冈先生及其文学翻译活动是一种燃烧生命的举动，一个与命运抗争的典范，同时是他的翻译意志奏出的一曲凯歌。

二

力冈先生是在中国改革开放的热潮中展开他最积极的翻译活动的，他的大部分译作出版于20世纪80年代。浏览一下力冈先生的译作书目，可以发现出版于80年代的译著有十余部之多，计有格鲁兹杰夫的《高尔基传》（与济凯合译，江西人民出版社1980年版）、冈察尔的《爱的归宿》（安徽人民出版社1983年版）、巴巴耶夫斯基的《野茫茫》（浙江文艺出版社1983年版）、艾特马托夫的《白轮船》（外国文学出版社1984年版）、阿列克谢耶夫的《儿时伙伴》（山东文艺出版社1984年版）、波利亚科夫的《别林斯基传》（黑龙江人民出版社1985年版）、普希金的《暴风雪》（春风文艺出版社1985年版）、肖洛霍夫的《静静的顿河》（漓江出版社1986年版）、帕斯捷尔纳克的《日瓦戈医生》（与冀刚合译，漓江出版社1986年版）、帕斯捷尔纳克的《含泪的圆舞曲——帕斯捷尔纳克诗选》(与吴笛合译,浙江文艺出版社1988年版)、卡里姆的《悠悠儿时情》(安徽文艺出版社1989年版)和格罗斯曼的《风雨人生》(漓江出版社1991年版)等。从这个目录还可以看出,力冈这一时期的译作总体上以苏联当代文学作品为主要翻译对象。

20世纪80年代是中国当代史上的一个特殊时期,那是一个文化转型期,甚至可以说是中国现当代的一场文艺复兴,是一个文化觉醒的黄金时期。在那场汹涌壮阔的思想解放运动中,在整个改革开放后中国当代文化的建构过程中,对外国文学和外国文化的翻译和介绍起到了无可替代的重要作用,中国当今的现代化,从某种意义上说就是一种"被翻译过来的现代化"。那是一个文学的时代,也是一个翻译文学的时代;那是一个开放的时代,更是一个对外国优秀文学和文化开放的时代,在精神上饥寒交迫的国人首度面对外国文学的盛宴,饕餮之余,最应该感谢的就是那一时代的翻译家。在中国改革开放后出现的外国文学翻译热潮中,俄苏文学也是重要的译介对象之一,力冈先生的译著也和其他众多翻译作品一样,是对改革事业的添砖加瓦,是为思想解放运动注入的燃料,对当时中国社会的文化重建、国民文化性格的重塑起到了重要作用。

中国的俄国文学翻译始自19世纪末,在五四时期出现第一个高潮,如今人们在探讨五四运动的起因时,常将俄国的文学与德国的马克思主义和法国的启蒙思想并列为三大思想资源,由此不难看出俄国文学在当时中国社会所发挥的强大思想作用。后来,在抗日战争时期,在新中国成立之后的50—60年代,俄苏文学再度发挥“军火”和“样板”功能，而在改革开放时期，包括俄苏文学在内的外国文学，又一次成为国人解放思想、放眼世界的意识形态工具和思想武器。如果说，鲁迅那一代翻译家是“给起义的奴隶偷运军火”的人，那么，改革开放时期的这一代中国翻译家同样是为国人“盗火”的普罗米修斯，功莫大焉，没有包括力冈先生在内的这一代翻译家的辛勤工作，国人的思想解放就是难以想象的。如果我们把出生在19、20世纪之交的翻译家如鲁迅、瞿秋白、蒋光慈、茅盾、巴金、耿济之等视为中国第一代俄国文学翻译家，那么20世纪第一个十年前后出生的姜椿芳、曹靖华、戈宝权、查良铮、汝龙、满涛、叶水夫等就是第二代，而力冈以及去年去世的草婴和刚刚去世的高莽等人则构成中国的俄国文学翻译家的第三代方阵，这一代翻译家同样以自己的辛勤努力为中国的思想启蒙和文化构建做出了历史性的贡献。

中国第三代俄国文学翻译家的工作也对当代中国文学的发展进程产生了深远影响。在20世纪80年代初起，俄苏文学在中国的译介出现一个“井喷”现象，十余年间，全国近百家出版社先后出版的俄苏文学作品多达近万种，在译作的种类和印数上，可能要高出此前所有同类出版物的总和。在这样一种铺天盖地的外国文学译介热潮中，受益的不仅仅是中国的读者，自然也包括中国的作家。王蒙在他的《青春祭》（作家出版社2006年版）一书中写道：“我们这一代中国作家中的许多人，特别是我自己，从不讳言苏联文学的影响。是爱伦堡的《谈谈作家的工作》在50年代初期诱引我走上写作之途。是安东诺夫的《第一个职务》与纳吉宾的《冬天的橡树》照耀着我的短篇小说创作。是法捷耶夫的《青年近卫军》帮助我去挖掘新生活带来的新的精神世界之美。在张洁、蒋子龙、李国文、从维熙、茹志鹃、张贤亮、杜鹏程、王汶石直到铁凝和张承志的作品中，都不难看到苏联文学的影响。张贤亮的《肖尔布拉克》、张承志的《黑骏马》以及蒋子龙的某些小说都曾被人具体地指认出苏联的某部对应的文学作品；这里，与其说是作者一定受到了某部作品的直接启发，不如说是整个苏联文学的思路与情调、氛围的强大影响力在我们的身上屡屡开花结果。”这里提到的张承志，就对力冈先生的译作赞不绝口，曾感慨：“我恨不得倒背如流！”由此不难窥见力冈先生的译作对改革开放时期中国作家产生的影响。

三

1984年，漓江出版社推出力冈先生重译的《静静的顿河》，这是新时期名著重译的第一部，而自90年代起，力冈先生更将名著重译当成首要任务，相继重译了多部俄国文学经典，如托尔斯泰的《复活》（译林出版社1992年版）和《安娜·卡列尼娜》（浙江文艺出版社1992年版）、屠格涅夫的《猎人笔记》（河北教育出版社1994年版）、莱蒙托夫的《当代英雄》（河北教育出版社1994年版）等，他作为翻译家的最后一项工作，就是重译陀思妥耶夫斯基的《罪与罚》。力冈先生是俄国文学经典著作重译的倡导者和先行者之一，他几乎将他翻译艺术炉火纯青的最后十年都用在了名著重译上。

文学名著重译始终是译界的一个有趣话题。中外文学史上的名作原著，无论出现在什么时代，一代又一代读者捧读的均为同一个文本，而文学名著的译本，即便是著名的译本，却常常会随着时间的推移而“衰老”，会被所谓“新译”所取代。日本著名斯拉夫学者、契诃夫的日译者沼野充义有一次曾对笔者说，被译成日语的契诃夫作品每20—25年便要新译一次，以适应新一代的读者。他的话让笔者大吃一惊，可转而一想，外国文学作品的汉译其实也有着大致相同的命运，尽管其存活期未必一定就是20—25年。汉语文学中的原创名著，如唐诗宋词元曲，如《三国演义》《水浒》《西游记》《红楼梦》，自然在任何时代都不需要也不允许做任何文字加工，可汉语文学中的翻译名著，即便是近现代翻译大家们的著名译作，如严复译的《天演论》、林纾和魏易译的《黑奴吁天录》、鲁迅译的《死魂灵》等，如今也会让人觉得不无“过时”之感，至少会让当下的读者阅读不畅。也就是说，文学名著是永恒的，不朽的，它们的译作却是相对短命的。笔者曾在一篇文章中对名著重译现象作过一番思考：首先，从读者方面看，读者为什么会在面对原作和译著时持有不同的阅读态度呢？他们对于原作和译作这种不同的阅读取舍究竟源自何种阅读心理呢？这种厚此薄彼的取向究竟是先天的还是后天的，是产生在翻译活动出现之后还是之前，这种倾向与文学名著重译这两者之间究竟存在着什么样的互动关系呢？其次，从译者的角度看，在进行重译和新译时究竟该如何面对已有的译作，尤其是已有的优秀译作，是刻意回避，还是尽量汲取原有译作的经验和精髓呢？如果对原有译作尤其是名译作的经验和精髓有所汲取，又该如何避免抄袭的嫌疑和版权的纠纷呢？如果对前辈翻译家宝贵的翻译经验视而不见，每位新译者均另起炉灶，真的能做到青出于蓝吗？如果新译在翻译质量上无法与旧译比肩，甚至不如旧译，那么重译的意义和价值又何在呢？最后，从翻译实践活动自身来看，用16、17世纪的汉语去翻译莎士比亚当然是可笑的，但是，用21世纪的汉语网络语言去翻译莎士比亚就一定具有历史的必然性和合理性吗？不断地重译、新译，会在多大程度上减少或抹去原作的时代感和历史感，把每一部新译作都作为当下的作品来读，是不是一种最大程度的误读呢？

力冈先生在进行文学名著的重译时，不知是否也曾遭遇此类问题，但他在晚年义无反顾地执着于重译，一定是一种有意识的抉择。我们猜度，他在他翻译事业的黄金时段做出这一重大转向，可能有如下几种原因：首先，他觉得在他之前的译本还有继续加工的余地，还有再度提升的空间。力冈先生重译的这几部俄国文学名著在他之前早已有过出自名家的名译，它们是不止一代中国读者捧读的对象，但力冈先生却不畏权威，另辟蹊径，公开与多位前辈翻译大家打擂台，这或许是力冈先生个人性格的一种显现，但他敢于“叫板”，无疑因为他自信他可以比之前的译著译得更好，或至少能译出他自己与众不同的特色。其次，在译出十多本书后，作为一名富有经验的翻译家，力冈先生大约也会产生出如何超越自己的问题，重译名著，既可以与前辈译家一较高低，同时也能时刻与俄国文学史上的名著及其作者进行跨越时空的深度交流，这无疑是一种更富有挑战也更富有趣味的工作。最后，名著之所以成为名著，就因为它们往往具有更为完满的艺术价值和更为恒久的艺术生命，翻译这样的作品，无疑更能呼应社会的阅读需求，赢得更大的社会意义。

力冈先生晚年重译的多部名著如今仍在一次又一次地再版，这说明力冈重译的俄国文学经典具有长久的生命力，也说明他当年重译名著的抉择是正确的。一位翻译家，只要他的译作还能出版，还能被人阅读，这位翻译家就还活着，好的译作就是译者的生命之延续。从更为广泛的意义上说，力冈先生是我国改革开放之后名著重译之风的倡导者之一，而名著重译，对于深化我们对外国文学经典的理解和认识、对于发展我们的翻译实践和理论而言，都是极具历史意义的。

四

力冈先生是一位翻译家，也是一位大学老师，教书育人是他的本业。作为恢复高考后步入安徽师大外语系俄语专业的20名学生之一，笔者有幸受教于王老师（力冈本名王桂荣，我们当时都称他“王老师”）。记得先生1978年从插队的宣城乡村回到安徽师大后，不久就开始给我们授课，他教的是“文学选读课”。先生是一个颇为“另类”的老师：他上课不用现成的教材，没有固定的教案，就以他当时正在进行的翻译工作为授课内容；他在教室里不来回走动，几乎不做板书，仅端坐讲台，摊开那本他正在翻译的原著，一旁摆着一摞他最新出炉的译稿，按部就班、一句一句对照着讲下去。对文学没有兴趣、对文学翻译没有兴趣的学生，听这样的课或许会感到无味，当时王老师课的课堂气氛也的确有些沉闷单调，但王老师并不在意，只管自顾自地讲下去，他会讲他为什么要这样译，讲到兴奋处，他会突然提高嗓门，用带有山东腔的口音高声朗读他最得意的译文段落，读完后，他会抬起眼睛，久久地盯着天花板，似在掩饰眼里涌出的泪水。记得是在讲解《当代英雄》时，他时时指出其他译者，甚至是非常著名的翻译家的错误，并向我们分析这些错误之所以出现的可能的原因，他也时常让我们在他的译文中“挑错”或为他的译文“润色”，如果我们偶有所得，他往往显得比我们还要高兴。与王老师的文学选读课构成呼应的，是我们在大三时学的翻译课，翻译课教师张本桂先生常常给我们一些原文片段，让我们动手翻译，并在下一次翻译课上让译文出色的同学朗诵其译文，并对他认为好的译文再逐字推敲。正是在力冈先生以及张本桂先生和其他老师的精心培养下，安徽师大俄语专业涌现出一大批俄罗斯语言文学专业的人才，其中多位如今已成为国内知名的翻译家，有译著面世的人更多达十余位，如吴笛、张杰、周启超、吴嘉佑、冯华英、朱少华、陈建硕和刘文飞等。名不见经传的安徽师大俄语专业，在短短二三十年间居然成为中国的俄语文学翻译家的摇篮，王老师在天之灵也会因此而深感欣慰！

我们这个俄国文学译者群体的崛起，在很大程度上要归功于力冈先生及其同事们的言传身教。首先，他在课堂上逐字逐句的中俄文对照讲解，他关于译者甘苦的诉说，对于有志于文学翻译的学生而言弥足珍贵，这其实就是一个文学翻译的工作坊和实验室，让我们当年在初步掌握俄语后不久便接触到了俄语翻译的真谛，亲眼目睹了一位翻译家的工作过程和工作方式。其次，他既与我们分享他的翻译过程，也与我们分享他的翻译收获，记得我们在校时，他和济凯先生合译的《高尔基传》已经出版（江西人民出版社1980年版），他送给全班同学每人一本译著，并用规整的笔迹在扉页上题字签名，不难想象，我们接到这样的馈赠时会多么激动，同时也会觉得译书和出书不再是一件遥不可及的事情。最后，他以他的翻译行为和翻译意志告诉我们大家，庙小并不妨碍念经，更不妨碍修身。他在翻译课上不畏权威，真诚地点出翻译名家们的长处和短处，让我们较早地感受到某种翻译民主精神，并从而确立自己的翻译人格。在他之前的大翻译家往往都生活和工作在大城市，而他在成名后却安居小城，潜心译事，他的存在方式构成一种垂范和激励，使我们很早就意识到，一位翻译家原本可以在任何环境里成长和工作。力冈先生作为一位翻译家的作为和风骨，为他的学生们树立起一个光辉的榜样。

五

力冈的文学翻译有着其鲜明独特的文字风格。译者作为一部作品中的“被动创作者”，究竟应不应该体现其风格，这也是翻译学中一个争论已久的问题，一个见仁见智的问题，有人认为，译者的责任就在于原封不动地传导原作的风格，而不能擅自发挥，喧宾夺主。但是，译作毕竟是由译者用另一种语言进行的文学再创作，译者个人的修辞习惯和语言风格不可避免地会在其译作中得到体现，也就是说，所谓“译者风格”实际上是难以避免的。在这种情况下，如何让译者的风格与作者的风格相互接近、相互吻合，往往就成了决定译作成败的关键因素之一。译者无法在作品的风格范畴里肆意妄为，但译者毕竟有权利选择与自己相近的原著，或者说，选择自己较容易处理的翻译对象，或者说，在一部作品的翻译过程中更注重在自己的风格较易发挥的地方施展拳脚。原作风格和译者风格的吻合虽是一个可遇不可求的事情，但一旦相遇，便是译者的幸事，也是原作者的幸事，更是读者的幸事。

在力冈先生的译著中，较之于人物对话和心理描写，大段落的抒情和大场面的写景似乎得到了译者更为精心的处置，他往往能借助这些段落营造出一种悲凉壮阔、哀婉抒情的氛围，更确切地说，他往往能细腻精准地传导出原作中的此种氛围。力冈先生钟情于这样的段落，钟情于这种文学氛围的营造和传导，无疑与他饱经沧桑的生活经历相关，也是他既刚正不阿又侠骨柔情的性格使然，更是他的审美趣味和文字风格的要求。他的几部译著在书名翻译上的处理，就在一定程度上体现了他的这一追求。巴巴耶夫斯基的小说原名 ***Приволье***，这是一个很“地道”的俄语单词，意为“广阔的地方”“无拘无束”等，力冈成功地将其译成《野茫茫》，这个译名既契合小说描写苏联斯塔夫罗波尔草原地区生活的主题，也暗含着我国著名的北朝民歌《敕勒歌》所具有的苍茫壮阔的抒情力量。卡里姆的小说原题 ***Долгое-долгое детство***，力冈先生最初发表在《世界文学》上的译文题为《漫长漫长的童年》，后来出版单行本时，他将书名改为《悠悠儿时情》，

“漫长漫长的”和“悠悠”这两种均使用了叠词的译法都是对原文题目中的修辞手法和诗意情绪的准确再现，但“悠悠”较之“漫长漫长的”似乎更符合中文习惯，再加上之后的“儿时情”，无疑更有抒情味。冈察尔的小说 *Берег любви* 通常被译为《爱的彼岸》或《爱之岸》，力冈先生却译为《爱的归宿》，译者似乎也是在有意地“拓展”作为小说描写对象的爱情的辐射范围。力冈最重要的译作之一《生活与命运》最初的译名是《风雨人生》，力冈是在20世纪80年代末结束此书的翻译的，想必他在译完这部作品时，回顾自己和社会遭遇的种种磨难，不禁百感交集，故将格罗斯曼的原书名 *Жизни и судьба* 译成《风雨人生》。需要说明的是，在广西师范大学出版社不久前再版力冈先生的这部译著时，笔者建议将译著的书名改为《生活与命运》，因为这部小说如今已与托尔斯泰的《战争与和平》并列，而作者格罗斯曼在为这部小说取名时也的确是对托尔斯泰那部史诗的有意模仿，“生活与命运”和“战争与和平”，都是对人类生活最高程度的归纳和概括。

我们或许可以将力冈先生的文学翻译风格概括为“大气的诗意”或“壮阔的悲凉”，即一种融悲剧与抒情于一炉、广阔的画面感与内在的节奏感相互呼应、一气呵成的连贯调性和力透纸背的史诗感相映成趣的译文风格。在他精心翻译的《静静的顿河》和《日瓦戈医生》等巨著中，他的译笔很好地传达出了原著中原本就饱含的由抒情性、悲剧性和史诗性抱合而成的小说整体氛围，而在《生活与命运》的翻译中，他的这一风格又得到了更为充分的彰显。请读一读这部史诗长篇的结尾：“在这种宁静中，会想起去年的树叶，想起过去的一场又一场风雨，筑起又抛弃的窠巢，想起童年，想起蚂蚁辛辛苦苦的劳动，想起狐狸的狡诈和鹰的强横，想起世间万物的互相残杀，想起产生于同一心中又跟着这颗心死去的善与恶，想起曾经使兔子的心和树干都发抖的暴风雨和雷电。在幽暗的凉荫里，在雪下，沉睡着逝去的生命——因为爱情而聚会时的欢乐，四月里鸟儿的悄声低语，初见觉得奇怪、后来逐渐习惯了的邻居，都已成为过去。强者和弱者、勇敢的和怯弱的、幸福的和不幸的都已沉睡。就好比在一座不再有人住的空了的房子里，在和死去的、永远离开这座房子的人诀别。但是在寒冷的树林中比阳光明丽的平原上春意更浓。在这宁静的树林里的悲伤，也比宁静的秋日里的悲伤更沉重。在这无言的静默中，可以听到哀悼死者的号哭和迎接新生的狂欢……”这一史诗性的小说结尾写得好，译得也好，善于再现悲剧抒情风格的翻译家力冈先生的功力和风格在这里体现得淋漓尽致，炉火纯青！

俄国诗人叶夫图申科在1986年访问中国之后，深为中国俄苏文学翻译家们忍辱负重、坚持不懈的精神所感动，写下一首题为《中国翻译家》的诗作，在由笔者译成中文的这首诗的最后，诗人写道：“知识分子的良心，/就是一家出版社，/它仍能工作，/即便没有印刷机，/无论监狱、瘢迹还是侮辱，/它仍能用诗句的春燕/把各个民族连系。/翻译家们在做什么？/他们让各国人民相互走近，/越过国境，/越过谎言的沼泽地。/总有一天，要用他们的姓氏/为巨轮命名，/稻穗和麦穗，/会向他们鞠躬致敬。/伟大的译文，/就像神的预言。/翻译过来的细语，/会成为震耳的呼喊。/但愿能有一座纪念碑，/献给无名的翻译家，/那最为可敬的基座，/就由无数的译著垒成！”我们相信，力冈先生的译著，应该也被垒入这座纪念碑的基座;力冈先生的名字,应该也被刻上这座纪念碑的碑身!

二〇一七年初秋于京西

目　录

查密莉雅

这会儿我又一次站在这幅镶着简单画框的小画前面。明天一早我就要动身回家乡去,因此我久久地、出神地望着这幅小画,好像它能够对我说些吉祥的临别赠言似的。

这幅画我还从来没在展览会上展出过。别说展出,就是每逢有亲属从家乡来看我,我都尽量把它藏得远远的。其实,它也没有什么见不得人的地方,可也根本算不上是一幅艺术精品。这幅画很朴素,朴素得就像上面画的那片大地。

这幅画的远景是暗淡的秋天的天际。在遥远的群山上方,秋风催赶着片片疾驰的行云。近景是一片赤褐色的长满艾蒿的草原。道路黑黝黝的,刚刚下过雨之后还没有晒干。路旁是已经干枯的、被踩断的密密丛丛的芨芨草。顺着被冲洗过的车辙,有两个人的脚印伸向前去。越远,路上的脚印就显得越浅,至于那两个旅伴:看样子只要再走一步,就会跨到画框外面去了。其中的一位……不过,我这话有点扯远了。

这是我少年时代的事。那是战争的第三个年头。我们的父兄在遥远的前方,在库尔斯克和奥勒尔附近苦战;我们——当时都还是一些十四五岁的少年——在集体农庄里劳动。天天干不完的重活儿,本来都是成年人干的,如今压在我们还没有长结实的两肩上。我们在收割的时候又偏偏碰上特别酷热的天气,几个星期不回家,日日夜夜在田野里、打谷场上,或者在往车站运粮的路上。

在一个酷热的日子,镰刀都好像因为收割磨得发烫了,我从车站坐空车回来的路上,决定顺便回家去看看。

靠近河滩,街道尽头处的小丘上,有两座围着坚固的土墙的院落。宅院周围有一排高高的白杨树。这就是我们两家。很久以来,我们两家就毗邻而居。我是大房的孩子。我有两个哥哥,他们还没结婚,都上前线去了,已经很久没有他们的音信了。

我父亲是个老木匠,天一亮就起身做祈祷,然后到工场木工间去,直到很晚才回家。

家里就剩下母亲和一个妹妹。

旁边的院子里,或者照村里叫法,小房里,住着我们的近亲。不是我们的曾祖,便是我们的高祖,曾经是亲弟兄;而我称他们近亲,就是因为我们是一家人。早从游牧时代,从我们的祖先一块儿安扎帐篷、一块儿牧放牛羊的时候起,我们就兴亲族住在一起。这种传统还被我们保持下来。在村里实行集体化的时候,我们父亲一辈就挨在一块儿安了家。而且也不只是我们,贯穿全村的一直通向河滩的整条阿拉尔街,都是我们同族人,我们都是一个族系的。

实行集体化后不久,小房的家主就去世了。留下了妻子和两个岁数很小的儿子。当时村里还奉行着世代相传的族法,依照族法的老传统,不能让携儿带女的寡妇嫁出族外,于是族人便让我的父亲娶了她。他这样做,也是他对于祖先在天之灵应尽的本分,因为他是死者最近的亲属。

于是我们就有了第二个家。小房表面上家业独立:有自己的宅院,自己的牲畜,但实际上我们是一块儿过日子。

小房的两个儿子也参了军。老大萨特克是刚结婚不久就走的。我们还能收到他们的来信,当然,要隔很久才能收到一封。

小房里剩下婆婆——我唤她婶娘——和儿媳,即萨特克的妻子。她们俩从早到晚在农庄里干活。我的婶娘是一个善良、温顺、老实的女人,论干活儿从不落在年轻人后面,不论是挖沟,浇水,样样都行。命运像是褒奖她的勤劳,又赐给她一个能干的媳妇。查密莉雅和婆婆一模一样,肯操劳,心灵手巧,就是性格有点不同。

我很喜欢查密莉雅。她也很爱我。我们很合得来,可是我们不敢彼此称呼名字。我们要不是一家人,我一定叫她查密莉雅。可她是我哥哥的妻子,我得叫她嫂子。她唤我小兄弟,尽管我并不小,我们在年龄上的差别根本不大。但这是村里的习惯:嫂子得把丈夫的弟弟唤作小叔或小兄弟。

两房的家务都由我母亲经管。我的小妹帮她一些忙,她还是一个小辫儿上缠着头绳的傻小妞儿。我永远也忘不了在那些困难的日子里,她那样勤劳地干活。是她把两家的小羊和小牛赶到园外去牧放,是她抬来干牛粪和干柴,让家里总有东西烧,是她,是我这个翘鼻子小妹妹，为了不让妈妈挂念杳无音信的儿子，总想尽办法给妈妈解闷消愁。

我们这一大家人和睦相处，丰衣足食，全是母亲的功劳。她是我们两家的全权主妇和管家人。她很年轻的时候就进了我们的游牧祖先的家门，她一直是虔敬地遵循着祖先的遗训，公正无私地掌管两家家务。村里公认她是最值得尊敬的一位心地好、见识广的贤主妇。家里一切都归她掌管。至于父亲，说实话，村里人不承认他是一家之主。不止一次听到有人在要办一点什么事的时候这样说："唉，你顶好不要去找大师父，——我们此地对手艺人这样尊称——他就晓得那把斧头是他自己的。他们家里大娘才是一家之主，你去找她，保准没错儿……"

应当说，尽管我小小年纪，可我还常常参与一些家务事。之所以能够这样，是因为哥哥们都打仗去了。人们把我称作两家的男子汉、护家的和养家的，这多半是开玩笑，有时却也是正经的。我以此感到骄傲，一种责任感就常常挂在心上。并且，妈妈对我敢于独当一面也采取鼓励态度。她盼望我成为一个善经营、能办事的机灵人，不要像父亲那样，一天到晚一声不响地刨木头，锯木头……

我从车站回来，在宅旁柳荫下停住车子，松了套绳。当我向门口走去时，看到我们的生产队长奥洛兹马特在院子里。他骑在马上，像往常一样，一条拐杖系在马鞍上。妈妈站在他旁边。他们正争论着一件事。我走近些，听见母亲的声音：

"不行！别胡闹，哪儿见过女人赶车运粮食？你做做好事，让我的儿媳妇清静点吧！她原来干什么，还让她干什么吧！就这样已经搞得我晕头转向了，你倒来管管两个家看！幸亏还有个小丫头帮我一把……已经有一个星期我连腰都直不起来，腰简直要断了，就像驮着块千斤石，这不，玉米又干坏了，等着浇水呢！”她越说越上火，一面不时地把头巾的角往衣领里面塞。她生气的时候，常做这种动作。

“您这个人可真是的！”奥洛兹马特在马上晃了一下，失望地说，“我要是有腿，而不是这条拐杖，我会来求您？最好还是像过去一样，我自己来干，把粮食袋往车上一摔，赶马就走！……这不是女人干的活儿，我晓得，可你到哪里找男人去？……所以才决意请女将出马。您不准儿媳妇赶车，可上级对我们把难听话都说尽了：战士们需要粮食，我们却完不成计划。这样下去怎么行呢？”

我拖着长鞭朝他们走去，队长看见了我，高兴起来，显然他是想出了什么新点子。

“好啦，您要是担心媳妇的安全，瞧，有她的小叔子保驾，”他高兴地指着我说，“他决不会让谁靠近她。可以不必犹豫啦！咱们的谢依特是好汉子。只有这些小伙子，咱们这些养家的，才真解决问题……”

妈妈不让队长把话说完：

“哎呀，瞧你像个什么样子，简直成了流浪汉！”她数落起来，“瞧你那头发，毛蓬蓬的……你爸爸也真是好样的，给儿子剃剃头都腾不出工夫……”

“就这样好啦，今天就让儿子和老人家亲热亲热，剃剃头，”奥洛兹马特机灵地接过母亲的话头说，“谢依特，今天你就留在家里，把马喂一喂，明天一早我就派给查密莉雅一辆车，你们一块儿赶车。要给我记住，你可得负责她的安全。您就别担心啦，家主娘，谢依特决不让她受欺侮。既是这样的话，我还再派丹尼亚尔同他们一块儿。您是知道他的，是个很老实的后生……就是刚从前方回来的那一个。就这样吧，三个人一块儿往车站运粮食，谁还敢动一动您的儿媳妇？对吧，谢依特？你觉得怎么样，我们想让查密莉雅赶车，可你妈妈不同意，你要劝劝她！”

队长的夸奖，以及他竟用对待成年人的态度同我商量问题，使我心里美滋滋的。另外我立时想象着，能和查密莉雅一块儿赶车去车站该有多好。我于是摆出一副老成的样子，对妈妈说：

“保证没事儿，怎么，会有狼来把她吃掉还是怎的？”

我并且摆出老把式的神气，煞有介事地从牙缝里哧了一声，大模大样地晃着肩膀，拖了鞭子就走。

“哎呀，你可真行！”妈妈做出惊喜的样子，但是她马上气愤地呵斥道，“狼吃不吃她，你怎么知道？就出了你这块聪明材料！”

“他不知道，谁知道？他是你们两家的男子汉，很能干，有两下子！”奥洛兹马特拼命讲我的好话，他一面担心地望着妈妈，怕她又固执下去。

可是妈妈没有反驳他，只不过不知为什么立时重重地叹了口气，缓和了语气说：

“这可算什么男子汉，还是孩子哩，可就这样也得白天黑夜地埋头干活……我们那些叫人爱不够的男子汉天知道在哪里！家家空荡荡的，就好比营地上拔掉了帐篷……”

我已经走远了，没有听完母亲的话。我一路用鞭子打着屋角，打得灰尘飞扬，我甚至没有理睬正在院子里用手拍制牛粪块的小妹欢迎的笑脸，神气活现地走进了井棚。我在里面蹲下来，不慌不忙地从桶里倒水洗净了手。然后走进房里，喝了一碗酸牛奶，再倒一碗端到窗台上，把面包掰碎泡了吃。

妈妈和奥洛兹马特还留在院子里。只不过他们已经不再争论了，而是平心静气地低声谈着。他们准是在谈我的哥哥们。妈妈不时用衣袖擦擦红肿的眼睛，深沉地点着头，表示对正在安慰她的奥洛兹马特的回答，一面用模糊的泪眼望着绿树葱葱的远方，像是希望看到自己远方的儿子。

妈妈一伤心起来，就什么都不讲了，看样子，她答应了队长的要求。他达到了目的，很是得意，抽了一下坐骑，马匹踏着轻快的碎步出了院子。

不论是妈妈，还是我，自然都丝毫没有想到，这一切将会有什么样的结局。

我一点都没有担心查密莉雅能不能驾驭得了双套的马车。她对马是摸得透的，因为查密莉雅是巴开尔山庄一位牧马人的姑娘。我家的萨特克也是牧马人。似乎有一次春天赛马时，他竟赶不上查密莉雅。是不是真的，谁也不管它，可是大家都在说：赛马之后，恼羞成怒的萨特克就把她抢来了。还有一些人却偏说，他们是恋爱结婚的。不管怎么说吧，他们共同生活总共只有四个月。后来战争开始，萨特克便应召参军了。

不晓得该怎么理解，也许由于查密莉雅从小就和爸爸一起赶马群，——他身边就她一个，又当女儿，又当儿子，——于是她的性格中就出现了一些男子气概，有点躁烈，有时甚至很粗犷。查密莉雅干起活来一阵风，有男人气魄。和邻居妇女能处得来，可要是有人没来由惹恼了她，她骂起你来可不让人，还有几次有人被她揪住了头发。邻里不止一次前来告状：

"你们这算什么样的儿媳妇？进门才没几天，一张嘴就这么厉害！一点不给人面子。"

"她就这样才好哩！"妈妈回敬说，"我家媳妇有话就爱当面讲。这比藏而不露背地咬人强。您家媳妇倒会装温和模样儿，可这种温和媳妇，好比臭鸡蛋：表面干净光滑，骨子里奇臭难闻。"

爸爸和婶娘对待查密莉雅从来不像别的公婆那样厉声厉色，挑鼻子挑眼儿。他们对她很和善，心疼她，就只希望她一点——希望她对真主虔诚，对丈夫忠实。

我理解他们的心情。他们把四个儿子送进了军队之后，便把两房唯一的媳妇查密莉雅当作莫大的安慰，因此对她百般怜惜。我却不理解我的妈妈是怎么回事儿。她可不是随便就喜欢谁的。我妈妈对人对事要求十分严格。她过日子有自己一套规矩，从来不肯改变。每年春天一到，她要把我家游牧用的帐幕搬到院子里，用杜松枝熏一熏，这帐幕还是我父亲年轻时置备的。她教导我们绝对热爱劳动，尊敬长者。她要求家庭中每个成员无条件服从。

查密莉雅自从到我家来，就不像个做媳妇的应有的样儿。不错，她尊敬长辈，听他们的话，但是在他们面前从来不肯低头弯腰，她可也不像别的年轻媳妇那样躲到一旁嘁嘁喳喳，总是想什么就直截了当地说什么，也不怕说出自己的不同见解。妈妈常常支持她，爱听听她的意见，但是决定权往往仍归自己。我感到，似乎妈妈从查密莉雅的心直口快、大公无私中看出她是一个和自己一样的人,并且暗下打算,有朝一日把她放到自己的位子上,使她成为一个同样有威望的家主娘,同样的当家人,家业的继承者。

“要感谢真主,我的孩子,”妈妈常教导查密莉雅说,“你是嫁到一个殷实、有福的人家来了。这是你的福气。做女人的幸福,就是生几个孩子,家里够吃够用。我们老一辈挣得的家业,谢天谢地,都得给你留下,我们带不进坟墓。不过,只有那爱惜声名、有良心的人,享福才享得长久。这话你得记牢,要经常检点自己!……”

但是查密莉雅有的地方使两个婆婆感到不以为然:她快活起来太过于外露了,就像个小孩子一样。有时候,好像无缘无故就笑起来,而且笑得那么响,那么快活。每当收工回来,不是走,却是一路跳过沟渠,跑进院子,而且常常毫无来由地一会儿抱住这个婆婆亲亲,一会儿抱住那个婆婆亲亲。

查密莉雅还喜欢唱歌,她总在哼着一点什么,长辈面前也不回避。这一切自然和村里传统的媳妇持身之道很不相符,但是,两位婆婆用以自慰的是:查密莉雅会慢慢收性的,本来么,年轻时候说起来都是这样的。可对我来说,世界上再没有比查密莉雅更好的人了。我们在一块儿非常快活,我们可以毫无缘由地哈哈大笑,可以在院子里互相追着玩儿。

查密莉雅长得很美。身材匀称、苗条,头发又密又长,编成两条粗粗的、沉甸甸的长辫子。她很会结她的白头巾,让它稍稍偏些垂到额头上,这对她十分配称,把她那端正的脸上的黧色皮肤衬托得很美。查密莉雅笑的时候,她那黑中透蓝的一双杏眼,闪耀着青春的活力，她要一下子唱起酸溜溜的山村小调，她那美丽的眼睛里就现出一种热情奔放的光彩。

我时常发现，男子汉们，特别是返乡的战士们，爱用眼睛盯她。查密莉雅自己也爱玩爱闹，可是她对那些放肆的家伙确也不给好颜色。尽管这样，我还是常常很恼火。我爱她而嫉妒别人，就像弟弟爱大姐因而嫉妒别人一样，我要是发现年轻人围在查密莉雅身旁，就要尽量想法子干扰他们。我摆出气鼓鼓的架子，恨恨地望着他们，像要用自己的神情告诉他们："你们别太得意了。她是我哥哥的妻子，别以为没有人保护她！"

在这种时候，我常常装出随便的样子，不管是不是地方，就插进去谈话，企图嘲笑追逐她的人，而当这种办法毫不见效时，我就失去自制，气鼓鼓地，哼鼻子瞪眼睛。

小伙子们大笑起来：

"哎呀，你瞧他的样子！看样子她是他的嫂子，真有意思，我们还不知道哩！"

我极力撑持着，可是我感到耳朵在发烧，偏是叫我出丑，并且恼得我眼里迸出泪水。而查密莉雅，我的好嫂子是了解我的。她勉强忍住就要迸发出来的笑声，一本正经地说：

"你们以为嫂子是可以随便在大路上捡到的？"她对男子汉们抖直身子说，"你家嫂子也许是捡来的，我家可不是！快走开，我家小叔儿，哼，就要你们好看！"查密莉雅在他们面前摆了个威武姿势——傲然昂起头来，挑战似的挺一挺肩膀，一面不出声地笑着，拉了我一同走开。

我看出这种笑里有气恼有高兴。可能她当时想："你呀，真是傻孩子！只要我想随便胡来，谁还能拦得住我？全家一齐来看着我，也看不住我！”在这种情形下，我总是闷声不响，觉得有点对不起她。确实，我因为爱查密莉雅而嫉妒，我崇拜她；因为她是我的嫂子，因为她的美，她那洒脱的、自由自在的性格而感到骄傲。我和她是最知心的朋友，有什么事从不彼此隐瞒。

那时候村里男人很少。有的年轻人就抓住这一时机对妇女十分放肆、十分轻视，说什么，“同她们没什么磨蹭的，把手一招，不管哪个都会跑过来。”

有一天在割草的时候，我们一个远房族人奥斯芒走来纠缠查密莉雅。他原也认为没有一个女人禁得住他的引诱。查密莉雅却毫不客气地推开他的手，从草垛脚下站起来，——她本来在草垛凉荫里休息的。

“别动手动脚的！”她痛苦地说，把身子扭过去，“虽然把你们看成个人样儿，可是有的人却像畜生一样！”

奥斯芒躺到草垛脚下，轻蔑地撇一撇舔湿的嘴唇：

“吊在高竿上的肉，解不了猫的馋……有什么好装的呀，也许是愿意守一辈子了，鼻子还翘得老高哩。”

查密莉雅猛地转过身来。

“也许，就愿意守一辈子！我们就碰上这种命么，你混蛋就开心好啦。我要一百年独身，可对像你这号儿的，连口唾沫都懒得吐——讨厌。我看，要不是战争，谁又轮到同你讲话！”

“我说的就是这话！战争，没有了男人的管教，你才要怎的就怎的。”奥斯芒得意地笑道，“哼，你要是我的老婆，保你不唱这个调调儿。”

查密莉雅本想向他扑过去，还想说点什么，但是什么也没说，觉得不值得同他纠缠。她朝他久久地、恨恨地望了一眼，然后厌恶地啐口唾沫，从地上拾起草杈，走开了。

我站在草垛后面四轮大车上。查密莉雅看到我，急忙转过身去。她了解我当时的心情。我当时的感觉是：受欺凌的不是她，而是我，正是我受了侮辱。我怀着痛苦的心情责备她说：

“你干吗理睬这种人？同这种人有什么道理好讲？”

直到晚上，查密莉雅一直阴沉地皱紧眉头，一句话也不同我讲，也不像平常那样有说有笑。当我把四轮大车赶到她跟前时，她为了不使我提起那件已被她隐忍在心中的可怕的恼人事，猛力将草杈扎进草堆，一下子把草扠起，举在面前，遮住自己的脸。她把草猛力甩下，又立刻跑向另一堆。这一次装车装得很快。有一会儿我走到一旁，回头一望，看到她拄着草杈柄，站了一两分钟，在想什么事，然后，猛然醒悟过来，又拼命干起活儿。

当我们装好最后一辆四轮大车时，查密莉雅像是忘记了世界上的一切，久久地望着落日。河那边，在哈萨克草原的边沿上，已经疲乏无力的割草时节的夕阳，像烧旺的烙饼炉的灶眼一样发着红光。它缓缓地向地平线外游去，用霞光染红天上柔软的云片，向淡紫色的草原投射着余晖，草原上低洼的地方已经笼罩起淡淡的、蓝灰色的暮霭。查密莉雅望着落日，流露出内心无比的喜悦，像是在她面前出现了一个童话世界。她的脸上放射着温柔的光彩，那半张开的嘴唇孩子般柔和地微笑着。这时查密莉雅像是回答我还没有出口、但眼看要脱口而出的责备，转过身来，用一种好像是我们一直在谈话的语调说：

“你别再去想他了，小兄弟，去他的！这还算个人？……”查密莉雅停了停，目送着正在下坠的半边夕阳，吁一口气，深沉地继续说道：“像奥斯芒这样的人，他们怎么会懂得一个人的心情？这颗心谁也不懂得……也许世界上没有这样的男人……”

在我掉转马匹的当儿，查密莉雅已经跑到在我们一旁干活儿的女人们那里去了，我的耳边传来了她们爽朗的快活的谈笑声。真说不清她是怎么回事，也许她在眺望落日的时候，心情变开朗了，也许只不过因为活儿干得很好，就这么高兴起来。我坐在四轮大车上的高高的草堆上，望着查密莉雅。她从头上扯下白头巾，宽宽地张开两只手臂，在暮霭沉沉的割掉了草的草场上追逐一个女友。她的衣襟在风中轻轻飘动。我的不快也马上飞走了：不值得为奥斯芒的胡说八道花费心思！

“唷……唷，走啊！”我连甩几鞭，催动了马匹。

那一天，我按队长吩咐，在家等候爸爸，好把头发理一理，同时给萨特克写封回信。当时我们有我们一套规矩：哥哥们来信写的名字是爸爸的，村邮递员却把信交给妈妈，至于读信和回信则是我的义务。我未开始读，早就晓得萨特克写些什么。他所有的信都是一个模样儿，就像羊群里的羊羔一样。萨特克永远以“平安家书”几个字开始，然后一成不变地写道：“此信烦寄安居于繁荣昌盛的塔拉斯区的余之阖家：至亲至爱的父亲昭日楚拜……”然后是我的母亲，随后是他的母亲，再后依照严格的长幼顺序写着我们所有的人。此后一定要问候族长们以及近亲的健康和平安；只是在最末尾，才像仓促想起似的附笔写道：“并向余妻查密莉雅致意……”

当然，在父亲和母亲都活着，村里族长和近亲还健在的时候，开头便写妻子，尤其指名给她写信，是不恰当，甚至是有失体统的。不仅萨特克这样认识，每一个自尊的男人都是这样。况且这也没什么道理好讲，当时村里就兴这样，这不仅无可非议，而且我们简直想都没想过，再说当时也来不及想这些。要晓得，每一封来信，都是一件久所盼望的、令人振奋的大事。

妈妈总要让我把信反复读上好几遍，然后深受感动地把信拿到皲裂的手里，抓得死死的，好像攥着一只鸟儿，怕它要飞走似的。最后她用僵硬的手指很费力地把信折成三角形。

“唉，我的好孩子们，我们要像护身符一样保存好你们的信，”她含着泪颤抖地说，“信里还问，父亲、母亲、亲人们怎么样呢……我们又能往哪里去，我们还不是在自己村里……可你们怎么样？哪怕就写一句话，说‘我活着’，就行了，我们别的也不要……”

妈妈还得对着信端详好半天，然后把它收藏到一向放这些信件的皮包里，再锁进柜里。

要是这时候查密莉雅在家，也把信给她看看。每次她把信拿到手里，我发现她是多么激动。她默读着，贪婪地、急不可待地用眼睛扫过字里行间。但是，越接近结尾，她的肩膀垂得越低，脸上的热情渐渐地熄灭。她紧皱起那倔强的眉头，不等读完末后几行，便把信还给妈妈，神情那么冷淡，像是交还借用的一件东西。

妈妈显然照自己的心情去理解儿媳的心情，于是竭力勉励她：

“你这是怎么啦？”她一面锁着柜子，一面说，“不高兴高兴，反倒难过起来了！还是就你一个人的丈夫在军队上？难过的不是你一个，大家都不好受，大家怎么受，你就怎么受。依你看，会有人不想念、不挂心自己的丈夫？……挂心就挂心吧，可不要露出挂心的样子，心里要藏得住！”

查密莉雅没有讲话。但是她那倔强的、忧郁的目光似乎在说：“老人家，您什么也不懂！”

这一次萨特克的信也是从萨拉托夫来的。他住在那里的野战医院里。萨特克写着，因为负伤，到秋天，靠上帝的恩典，就要回家了。关于这一点，他以前也告诉过我们，于是我们十分高兴，因为很快就会见到他了。

那一天我依然没有睡在家里，我驾起车来到打谷场上。平常我总在这里过夜。我总把马牵到苜蓿地里，绊在那里。主席不允许在苜蓿地里放牲口，但是为了让我的马能够驾得起载，我常常违犯这条禁令。我知道在低洼处有一块地方很僻静，况且在夜里，谁也不会发觉。但是这一次，当我把马卸下，把它们牵去的时候，却已经有人在苜蓿地里放了四匹马。这使我很恼火。因为我是双马大车的主人，那我就有权利发火。我毫不加考虑，就打算把别人的马给赶得远远的，好教训教训这个侵犯我的领地的不自爱的家伙。但是我忽然认出了有两匹马是丹尼亚尔的，他就是白天队长提到的那个人。我想到从明天起我就要和丹尼亚尔一块儿往车站运粮食，就没有惊动他的马，仍旧回到打谷场上。

丹尼亚尔原来在这里。他刚给自己的大车轮子擦过油，这会儿正在紧车轴上的螺丝。

“丹尼克，洼地上的马是你的吧？”我问他。

丹尼亚尔慢慢转过头来。

“有两匹是我的。”

“另外两匹呢?”

“那是,怎么叫,查密莉雅,对吧,是她的马。她是你的什么人,嫂子,是吗?”

“是的,嫂子。”

“是队长亲自放到那儿的,让我照应一下……”

幸亏我没有把马赶跑!

夜深了,山间吹来的晚风息了。打谷场上也静了下来。丹尼亚尔靠近我,在草垛脚下躺下来,但过了不多时又爬起来向河边走去。他快到陡岸的沿上停了下来,就那么一个劲儿地站着,倒背着手,将头微微偏在肩上。他背对我站着。他那颀长的、像是用斧头砍削出来的有边有棱的身影,在柔和的月光中显得清清楚楚。他似乎在细细倾听那大河的流水声,——夜晚,河水下滩的声音越来越清晰可闻了。可能,他还在倾听我所听不见的一些夜的音响和喧嚣。“他又想在河边过夜啦,真是怪人!”我觉得好笑。

丹尼亚尔不久前才来到我们村里。有一天,一个小家伙跑到割草场上说,村里来了一个伤兵,至于是什么人,谁家的,他却不知道。哈,当时可热闹啦!村里有那么一股劲头儿:前方战士要是有人回来,不论老人、小孩,都一齐成群成群地拥去看新来的人,和他握手问好,问他有没有看到自家的亲人,听听新闻。这会儿便响起一阵无法形容的喊叫声,每个人都在猜想:也许是我家哥哥回来了,也许是哪一位亲戚?割草的人们全都跑去,瞧瞧是怎么回事。

原来,丹尼亚尔是我们本地人,本是我们村里的人。老人们说，他在童年便成了孤儿，过了三四年沿门乞讨的生活，后来跑到卡克马克草原哈萨克那里去了，——他的母系亲属是哈萨克。要说该把这孩子找回来，可就没有那样近的亲属，就这样大家把他忘记了。别人问他离家以后怎样生活，丹尼亚尔只回答几句应付应付。可依然能够理解到，他曾经加倍地吞够了生活的苦果，尝尽了孤儿的辛酸。生活驱赶着丹尼亚尔像风卷球一样到处奔波。有一段很长的时间，他在卡克马克咸土地带牧羊，等长大了，在沙漠里开运河，在新建的国营棉花农场工作，后来在塔什干附近的安格林矿井里工作，打这儿进了军队。

丹尼亚尔回到家乡，人们用赞许的态度迎接他。“不管在异地漂泊多久，现在是回来了，就是说，命定要喝家乡沟里的水。而且还没有忘记自己的语言，多少带一点哈萨克腔，但仍然说的是地道的家乡话！”

“都尔把儿[①]跑遍天涯也要寻找自己的同群。谁又不觉得自己的家乡、自己的人民可亲！你回来，是好样的。我们高兴，你祖先的在天之灵也高兴。感谢真主，但愿打垮德国人，过过太平日子，你也和别人一样，成个家，让你家烟囱上也冒冒烟！”有一个长辈这么说。

提起丹尼亚尔的祖先，他们准确地断定了他是哪一支的。我们村里就这样出现了一个“新族人”——丹尼亚尔。

于是生产队长奥洛兹马特把这位脊背微微向前弯、瘸左腿的高个子士兵，领到我们割草场上来了。他把军大衣搭在肩上，急急忙忙地走着，尽力跟上奥洛兹马特那匹一溜小跑着的矮壮的小

① 神话中的骏马。

牝马。至于队长本人,和颀长的丹尼亚尔在一块儿,他那小个儿,那活泼的姿态,真有点像一只不安生的河鹬。孩子们甚至都笑了起来。

丹尼亚尔受伤的腿还没有痊愈,膝部还不能打弯儿,因此割草他不行,就把他派到我们孩子们这儿来,在割草机上工作。说实话,我们不太喜欢他。首先他那孤僻劲儿,就不合我们的意。丹尼亚尔很少说话,就是说话,也叫人感觉他这会儿在想些别的不相干的事,他有他的心事;而且叫你难以断定,他是不是在看着你,虽然他那一双深思遐想的眼睛直对你脸上望着。

“可怜的小伙子,看样子,战场上把他搞蒙了,还一直没有回过神来!”大家这样议论他。

但是有趣的是,丹尼亚尔尽管总是这样在想心事,干起活来却又快又利落,从一旁看去还以为他是一个好交际的开朗的人呢。也许是孤苦伶仃的童年,教会了他掩藏自己的感情和心思,在他身上培养出一种内向的性格?可能是这样的。

丹尼亚尔的嘴角上带着清晰的纹丝,两片嘴唇总是紧闭着,眼神抑郁、镇定,只有两道弯弯的、活泼的眉毛给他那副瘦削的、总是显得疲倦的面孔增添一些生气。有时候他会凝神倾听,像是听到一种别人听不见的声音,这时他眉飞色舞,眼里燃烧着一种难以理解的喜悦。然后他不知为什么事微笑好久,显得十分高兴。这一切我们都感到奇怪。况且还不止这个,他还有别的一些怪癖。傍晚,我们卸了马,总是凑在窝棚旁边,等着女厨师给我们煮饭，丹尼亚尔却爬到守望台[1]上，在那儿坐到天黑。

“他在上面干什么呀？派他放哨还是怎的？”我们笑着说。

有一次，我出于好奇心，也跟着丹尼亚尔爬上了守望台。这里似乎没什么特别的。附近山脚下那一片笼罩在紫丁香般暮色中的草原，辽阔地扩展开去。黑沉沉、雾霭霭的大地，像是慢慢溶化在静寂之中。

丹尼亚尔对于我的到来甚至全没注意；他抱膝坐着，用沉思然而明亮的目光望着前方。我于是又感觉他是在聚精会神地倾听我所听不见的一些声音。有时他侧耳静听，凝神屏息，睁大一双眼睛。有一种东西在激荡着他的心，我觉得，他马上就要站起来，敞开自己的胸怀，不过不是对我敞开——他没有理会我——而是对着一种巨大的、无边无际的、我所看不见的东西。过一会儿我再望他，他却完全变了：丹尼亚尔沮丧地、无精打采地坐着，就像工作以后在休息似的。

我们农庄的割草场，分布在库尔库列乌河湾的滩地上。库尔库列乌河在离我们不远处冲出了峡谷，变成一条脱缰野马似的、疯狂的急流，奔驰在平川地上。割草时节，就是山洪暴发的时节。傍晚时分开始涨水，大水混浊而泡沫翻腾。半夜里我在窝棚里几次被河水强烈的震荡声惊醒。已经澄清下来的蓝幽幽的夜空，借星星做眼睛窥探着窝棚，冷风阵阵袭来，大地睡熟了，只有咆哮的河水，好像正气势汹汹地朝我们奔来。虽然我们不是紧靠河边，夜晚水声却令人感到那样近，以致常常不由得浮起一种恐

①可以瞭望四周的一种高地，这一名称是吉尔吉斯族人从游牧战争时期保留下来的。

惧:万一河水冲来,万一把窝棚冲跑呢?我的伙伴们正睡着那样香甜的、割草季节的好觉,我却不能入睡,于是走出棚外。

库尔库列乌河湾之夜美丽而又可怖。草地上这里那里呈现着被绊住的马匹的黑影。马儿饱餐了夜露浸润的青草,这会儿,在半醒不醒地打着盹儿,间或喷一喷鼻子。就在一旁,库尔库列乌河水冲过水漉漉的、弯下了腰的柳丛,向河岸奔去,一路上滚动着石块,发出喑哑的声音。不肯片刻安静的河流,使黑夜充满了狂乱的、恐怖的声音。惊心动魄。可怕极了。

在这样的夜里,我经常想起丹尼亚尔。他平常睡在紧靠河边的草垛旁。难道他不害怕?河水的声音怎会震不坏他的耳朵?他能睡得着吗?为什么他要一个人在河边过夜?他在这里面能得到什么样的乐趣?怪人,超世派。这会儿他在哪儿?我四面望望,看不到一个人。河岸像两条倾斜的山岗似的伸向远方,夜色中露出群山的脊背。在那上游一带,万籁俱寂,星光灿烂。

似乎丹尼亚尔该在村里结交一些朋友了。但是他依然孤零零的,仿佛友谊或仇敌,同情或嫉妒,这些观念对他全都格格不入。要晓得,只有那种能够替自己也能替别人站出来说话的男子汉,才能在村里出头露面,他们有力量造福,有时也能为祸,他们能够在喜宴上和丧宴上发令司仪,不亚于族长们——这样的男子汉也受到女人们的青睐。

如果一个人,就像丹尼亚尔一样,凡事站在一边,不参与村中事务,那么有些人就干脆不觉得有他这个人,有些人就宽厚地说:

“没有人得他的好处,也没有人得他的害处。就这么活着,凑合着捱自己的岁月,就这么的也好……”

这样的人,照例要成为嘲笑和怜悯的对象。我们这些总想表现得比自己年龄老大些的少年们,为了和真正的男子汉们步调取得一致,若不是当面,便是常常在我们之间取笑丹尼亚尔。我们甚至笑他自己在河里洗他那件军装上衣。他洗过后,不等全干就穿上,因为他只有这么一件。

但奇怪的是,丹尼亚尔似乎和气而又老实,可我们却从来不敢和他亲昵。这倒不是因为他比我们年长——差个三岁、四岁,有什么了不起,我们对大几岁的人从不客气,就称“你”;也并不是因为他爱板面孔或者摆架子——板面孔,摆架子有时能引起一种类似尊敬的东西;不是的,是一种不可理解的东西隐藏在他那默默不语、忧郁的沉思中,正是这一点,使我们这些跟谁都打交道的孩子们不敢和他打交道。

很可能,有一件事情算得上我们不敢和他打交道的缘由。我是一个非常好奇的孩子,常常因为爱刨根问底惹得人讨厌,而向前方战士打听战争情形,更是我真正热衷的事。丹尼亚尔来到我们割草场上以后,我一直在寻找适当机会,向这位新归来的前方战士打听一点什么。

有一次傍晚收工后,吃罢了饭,我们坐在篝火旁安静地休息。

“丹尼克,讲一点战争情形吧,趁大家还没睡。”我请求说。

丹尼亚尔起初没有讲话,甚至似乎很生气。他久久地望着火堆,然后抬起头来,望着我们。

“你说,讲讲战争?”他问道,接着,像是回答他自己的思路似的,又声音低沉地说:“不,最好你们还是不要知道战争!”

然后他扭过身去,抓了一把枯草,扔到火里,吹起火来,不管对我们哪一个都不望一眼。

丹尼亚尔再也没说什么。但是甚至从他讲的这短短的一句话中也可以理解到：战争可不是讲讲好玩的，这不是童话，讲出来可以叫你们睡觉前解闷儿。战争在人们心灵深处印下了牢牢的血印，讲战争可并不轻松。我自己感到惭愧，再也没有向丹尼亚尔问起战争的事。

不过，那个傍晚很快就被忘却了，就像村里对丹尼亚尔本人的兴趣很快便消失了一样。

第二天一大早，我和丹尼亚尔将马带到打谷场上，这时查密莉雅也来了。她看到我们，老远就喊：

“喂，小兄弟，去，把我的马带来！我的马轭在哪儿？”接着，就像干了一辈子车把式似的，一本正经地检查车辆，蹬两脚试试轮毂安得好不好。

当我和丹尼亚尔骑马走近时，我们的模样儿她觉得开心死了。丹尼亚尔两条瘦瘦的长腿耷拉着，穿一双厚油布马靴，靴筒大得要命，眼看着就要从脚上掉下来。我光着脚儿踢马前进，脚底板僵硬乌黑。

“真是一对儿！”查密莉雅快活地昂起头来。她再不耽搁，对我们发起号令：“动作快些，好在天热以前赶过草原！”

她抓住马勒，蛮有把握地把马牵到车前，动手套车。她全是自己套的，只有一次要我做给她看，怎样调理缰绳。她没有理会丹尼亚尔，仿佛他根本不在旁边。

查密莉雅的果敢和甚至是逞能似的自信，显然使丹尼亚尔感到惊讶。他敬而远之地闭紧嘴唇，做出不以为然的样子，同时却又暗暗赞赏地望着她。当他一声不响地从磅秤上搬起粮食袋，举向车上时，查密莉雅朝他奔去：

“这算怎么回事，每个人就这么各使各的冤枉力气？不成，伙计，这么干不行，快把手给我！喂，小兄弟，发什么呆，到车上去，把袋子摆好！”

查密莉雅自己抓住丹尼亚尔的手，当他们一块儿，手攥手地将粮食袋朝上摔的时候，他这个可怜人儿，羞得脸都红了。此后，每当他们彼此紧握住手搬粮袋，两个头几乎碰在一起的时候，我看到丹尼亚尔是多么不自在，他紧张地咬着嘴唇，极力不去看查密莉雅的脸。查密莉雅却毫不在乎，她在同女司磅员开着玩笑，好像就不觉得有这个配手似的。后来，当车子装好，我们把缰绳拿在手里的时候，查密莉雅调皮地眏眏眼睛，笑着说：

“呃，你叫什么，丹尼亚尔，是不是？看样子你像是个男子汉，头前开路！”

丹尼亚尔还是一声不哼地赶动了车子。“瞧你这可怜样儿，怎么搞的呀，为什么这样喜欢害臊呢？”我想。

我们要走的路很远：二十公里左右的草原，然后穿过峡谷，走向车站。好在是，从出发直到目的地，一路都是下坡，马匹不吃力。

我们的库尔库列乌村沿河展开，坐落在高山的山坡上，一直伸展到黑山脚下。只要不走进峡谷，就总能看得见我们的村子和它那葱郁的树丛。

一天的工夫我们只能来回跑一趟。我们早上出发，来到车站已是过午了。

太阳无情地炙烧着，车站上十分拥挤，水泄不通：平原上各地来的运粮马车、四轮大车和从辽远的山区农庄来的驮粮食的牛和驴，挤得满满的。赶牲口的都是孩子和妇女，黑黑的，穿着褪色的衣服，光脚丫被石头碰得到处是伤，嘴唇因为炎热和尘土干裂得出血。

粮站大门口悬着一条横幅："将每一颗粮食支援前方！"院子里忙乱、拥挤，赶车赶牲口的人吵吵嚷嚷。左近，矮墙外面，机车在调车，随着一团团浓浓的热气，喷吐着煤屑儿。列车发出震耳欲聋的吼声横擦而过。有一些骆驼，咧着那流涎的大嘴，恶狠狠地拼命吼着，很不愿意从地上爬起来。

在验收站，在发烫的铁房顶下面，粮食堆成山。须要把粮袋顺着木板扛到上面紧靠房顶的地方。浓烈的粮食气味和尘土呛得人喘不过气来。

"喂，小伙子，你给我小心点儿！"熬夜熬得眼睛通红的验收员在下面大声叫着，"往上扛，扛到顶上去！"他用拳头吓唬，气呼呼地骂着。

他可骂什么呀？就不骂我们也晓得往哪里扛，我们会扛上去的。要晓得，这粮食是我们用双肩一直从地里扛来的，在那里，女人、老头子、小孩把它一粒粒地培植长成，收割下来，在那里，就这会儿，在这热火朝天的农忙时节，联合收割机司机正驾着破烂不堪、早该报废的康拜因在苦战，在那里，女人们日日夜夜弯腰握着火烫的镰刀，在那里，孩子们的小手珍惜地捡起每一颗掉下的谷粒儿。

就现在我还记得，我用肩膀扛过的那些粮袋是多么沉重。这类活儿只适合最强壮的男人干。我朝上走着，在咯吱咯吱响着的、压得一弯一弯的木板上，好容易才走得稳，用牙死死地咬住袋边儿，好把粮袋封住，不使谷粒撒掉。尘土呛得喉咙发痒，肋部压得酸痛，眼前冒着一团团的金星。有多少次，半路上气力不支，只觉粮袋毫不留情地从背上往下滑，我真想把它甩掉，并且同它一起滚下去。但是后面有人走着。他们也扛着粮袋，他们和我年龄相仿，同样是少年，或者是已经有了和我一般大的孩子的妇女。要不是战争，会让他们扛这样重的东西？不能，当妇女干着和我同样的活儿的时候，我没有权利甩掉。

瞧，查密莉雅走在前面，她把长衫撩到膝盖以上，我于是看到，她那黑黑的好看的腿上凸起的肌肉绷得多紧，我看到，粮袋压得她像弹簧似的一弯一弯的，她用多大的气力才支撑住那柔软的身躯。查密莉雅只不过有时候停一会儿，她似乎觉得我气力越来越不行了。

“坚持一下，小兄弟，剩不下几步了！”

可她自己声音也并不响亮，下气不接上气的。

当我们倒掉粮食，往回走的时候，迎面碰上丹尼亚尔。他微微瘸着腿，迈着坚强而均匀的步子在木板上走着，像平常一样孤孤零零，一言不发。在我们走近时，丹尼亚尔向查密莉雅投过忧郁而炽热的一眼，查密莉雅却弯下累坏了的腰，抻抻撩皱了的衣裙。丹尼亚尔每次望她，就像头一次看到她似的，查密莉雅却仍然不去理睬他。

确实，已经成了惯例：查密莉雅要么就嘲笑他，要么就根本不去理睬他。这要看她的情绪而定。譬如，我们正在路上走着，她忽然灵机一动，对我喊道："喂，快走！"于是一面吆喝着，把鞭子举过头顶，打马飞奔。我跟着她。我们超在丹尼亚尔前头，将他甩在久久不落的浓浓尘雾当中。虽然这是开玩笑，但并不是每个人都忍受得了这样一招儿。可你瞧，丹尼亚尔看样子就不生气。我们从旁边驰过，他却带着一种抑郁而赞赏的神情，望着站在车上哈哈大笑的查密莉雅。我回头一望，丹尼亚尔甚至透过尘土在望着她。在他的目光中，流露出一种善良的、原谅一切的神情，而我还猜度到里面有一种痴心的、隐在深处的恋情。

不论是查密莉雅的嘲笑，还是百分之百的冷淡，一次也没有惹恼丹尼亚尔。他像是发下了誓愿忍受一切。起初我很可怜他，有几次我对查密莉雅说：

"嫂子，你干吗老是取笑他，他是那样一个老实人！"

"去他的！"查密莉雅把手一挥，笑着说，"我这么的，不过开开玩笑，对这个孤僻家伙根本没有别的意思！"

后来我也嘲弄取笑起丹尼亚尔来，一点也不比查密莉雅客气。他那奇怪的、直愣愣的目光，开始使我不安。当她将粮袋扛上肩膀时，他是怎样瞧她啊！确也是的，在这人声喧嚣、拥拥挤挤、满院子嘈杂声里，在慌张忙乱、喉咙嘶哑的人们中间，查密莉雅是多么显眼，瞧她动作多么老练，多么利落，步子多么轻快，一切如入无人之境。

真也不能不瞧她。为了从车上卸下粮袋，查密莉雅弯弯地探过身子，伸出肩膀，将头尽力向后仰，这就露出她那好看的颈子，那被阳光染成棕色的长辫子几乎就碰到地面。丹尼亚尔好像无意之间似的，停下步子，用眼睛把她一直送到门口。想必他认为这样做不被人注意,但我全都注意到了,而且这种行动开始使我十分不快,甚至似乎我的感情受到了屈辱,因为我认为无论怎样丹尼亚尔都不配盯查密莉雅。

"你想想,连他都要盯她,就甭说别人了!"把我整个儿恼透了。于是我那尚未摆脱掉孩子气的自私心,又燃烧起炽烈的妒火。要晓得,孩子们常因为爱自己的亲人而嫉妒别人。这会儿我对丹尼亚尔不再怜悯,而是怀着深深的敌意,以致当别人嘲笑他的时候,我就幸灾乐祸。

不过,有一次我和查密莉雅玩的把戏,结局可够伤心的。在我们用来运粮食的粮袋当中,有一只很大的,可装七普特,是用粗羊毛织成的。平常我们是两个人对付它,一个人是吃不住的。有一天在打谷场上,我们商量好要跟丹尼亚尔开个玩笑。我们把这只大粮袋放到他的车上,上面压上别的粮袋。路上我和查密莉雅跑到一个俄罗斯族村子一家果园里,摘了些苹果,一路上笑着闹着;查密莉雅把苹果扔到丹尼亚尔身上。然后我们像往常一样,超在他前头,扬起一阵灰尘。过了峡谷,来到铁路过道口,他赶上了我们,因为过道口正好关着。打这儿我们一块儿走到车站。不晓得怎么搞的,我们完全忘记了这只七普特重的粮袋,只是在车快卸完的时候才想了起来。查密莉雅调皮地捅捅我,朝他指指。他站在车上,犯愁地打量着那只粮袋,显然是在考虑怎么对付它。后来他四下望了望,当发现查密莉雅把肚子都要笑破时,脸孔变得通红。他明白是怎么回事了。

"把裤子紧一紧,要不,半路上会掉的!"查密莉雅喊道。

丹尼亚尔朝我们投过狠狠的一瞥,我们还没来得及转过念头，他已经在车上把粮袋挪动了一下，放到车厢沿上，一手扶住粮袋跳下车来，将它向背上一背就走。起初我们装出没事儿的样子，好像这件事根本没什么特别的。别的人自然更没有在意的：一个人背着粮袋走路，大家谁不是这样。但是当丹尼亚尔走到木板跟前时，查密莉雅撵上了他：

“把袋子扔下吧，我是开玩笑的！”

“走——开！”他斩钉截铁地说，于是登上了木板。

“瞧，他背得动！”她说，好像在证明自己并没有错。

她依然在轻轻笑着，但是她的笑越来越不自然，似乎在勉强自己笑。

我们发觉丹尼亚尔受伤的那条腿瘸得越来越厉害。我们怎么早没有想到这一点呢？直到现在，我还不能原谅自己这个愚蠢的玩笑，因为这个花样是我这个蠢货想出来的！

“回来吧！”查密莉雅带着苦笑说。

但是丹尼亚尔已经不能转身了，他后面走着很多人。

底下情形怎样，详情细节我记不清了。我当时看到丹尼亚尔在那只老大的粮袋底下躬着的身子、压得很低的头和咬紧的嘴唇。他小心翼翼地挪动着那条受伤的腿，慢慢地走着。看得出，每走一步，他都感到极大的痛楚，痛得他缩着脑袋，停息片时。他朝上爬得越高，身子朝两边晃得越厉害。粮袋使他摇来摆去。我当时又害怕又羞愧，急得我嗓子眼儿发干。我吓呆了，我整个身心都感受着他那粮袋的重压、他那条受伤的腿上的难忍的痛楚。瞧他又摇晃了，他缩头了，于是我眼睛里一切都旋转起来，眼前发黑，大地像要从脚下溜走了。

突然有人重重地抓住我的手，抓得我骨头都痛，这时我才从吓呆的状态中醒过来。我没有马上认出是查密莉雅。她脸色煞白，睁大的眼睛里露出两颗大大的眸子，嘴唇依然因为刚才的笑颤动着。这时不仅我们，而是所有在场的人，验收员也在内，都跑到了木板底下。丹尼亚尔又走了两步，打算将背上的粮袋摆正一些，——开始慢慢蹲下身去。查密莉雅双手捂住眼睛。

"扔掉！把粮袋扔掉！"她叫道。

但是丹尼亚尔不知为什么却不扔掉粮袋，尽管早就可以把它朝木板一旁摔下去，这样是砸不到后面走着的人的。听到查密莉雅的声音，他一挺而起，把两腿站直，走了一步，又摇晃起来。

"你就快扔掉嘛，狗崽子！"验收员叫起来了。

"扔掉！"人们都叫起来。

丹尼亚尔就这样也没有扔掉。

"他不会扔掉的。"有人很有把握地小声说。

于是，不论走在木板上的，还是站在底下的人，好像都懂了：他是不会将粮袋扔掉的，除非他自己和粮袋一起摔下来。呈现出一种死一般的寂静。墙外，机车一阵阵地呜呜叫着。

丹尼亚尔摇晃着身子，就像成了聋子一样，在炙热的铁房顶底下向上走着，把木板踩得一弯一弯的。每走两步他便因为失掉了平衡停一会儿，然后鼓起力气再往前走。走在他后面的那些人，尽量凑合着他，也时时停住步子。这太累人了，大家弄得精疲力尽，可是没有一个人发火，没有一个人骂他。这些仿佛用无形的绳索系在一起的人们，背着自己的粮袋走着，就像是走在一条危险的溜滑的小径上，在这儿，彼此的生命紧密相关。在他们那一致的静默不语之中，在那一样姿势的摇晃之中，有一种统一的沉重的旋律。一步，又跟着丹尼亚尔走了一步，又是一步。走在他后面的那个妇女，带着何等的同情和为他祈祷的心情，咬紧牙关望着他啊！她自己已经步履蹒跚，但是她在为他祈祷。

已经剩不下几步了，带坡度的一段木板很快就要走完了。但是丹尼亚尔又摇晃起来，受伤的那条腿已经不听他使唤了。要是再不扔掉粮袋，他眼看就要滚下来了。

"快去！从后面帮他托住！"查密莉雅对我喊道。她自己则伸出两手，好像这样可以帮丹尼亚尔托住。

我顺着木板飞快地向上跑去。我挤过人群和粮袋，跑到丹尼亚尔跟前。他从肘下望了望我。在他那黑乎乎的汗湿的脸上青筋凸出，一双充血的眼睛带着愤怒，火辣辣地望着我。我想去托粮袋。

"走开！"丹尼亚尔哑着嗓子厉声说，接着向前走去。

当丹尼亚尔重重地喘着气、一瘸一拐地往下走的时候，他的两条手臂耷拉着，像两条瓜藤一样。大家都一言不发地给他让路，验收员却忍不住了，他叫道：

"你怎么搞的，小伙子，傻了吗？难道我不是人，难道是我不让你往下面倒？你干吗要往上背这么重的粮袋？"

"这是我的事。"丹尼亚尔小声回答说。

他向旁边唾了一口，便朝马车走来。我们不敢抬眼睛。又羞愧又懊恼，真没料到丹尼亚尔把我们愚蠢的玩笑看得这么认真。

整个夜晚我们默默地走着。在丹尼亚尔这倒很自然。因此我们就搞不清，他是在生我们的气呢，还是已经把一切都忘了。

可我们感到心情非常沉重,良心上十分痛苦。

清早,当我们在打谷场上装车的时候,查密莉雅抓起这条倒霉的粮袋,一只脚踩住一个边,嗤嗤地把它撕烂了。

“把你的袋子还你!”她将袋子摔到吃惊的女司磅员的脚下。“告诉队长,下次不要夹杂这样的袋子!”

“你怎么啦?怎么回事?”

“没什么!”

第二天一整天,丹尼亚尔一点也没露出生气的样子,他照样心平气和,不言不语,只不过瘸得比往常厉害了,特别是在扛粮袋的时候。显然昨天把伤口伤害得太厉害了。这情形使我们时刻忘不掉对他犯下的罪过。他要能笑一笑,或者开开玩笑就好了,那我们总会轻松些,我们之间的不快也会就此忘掉。

查密莉雅也尽量装出若无其事的样子。十分好强的查密莉雅尽管还在笑着,但是我看出她整天都不自在。

我们很晚才从车站回来。丹尼亚尔走在前头。夜色显得无限美好。谁又不晓得八月之夜,不晓得八月夜里那若远若近的分外明亮的星星!每一颗星都清晰在目。瞧,有一颗星,边上像是沾满了霜花,周身发着冷光,带着天真烂漫的惊讶神情从漆黑的天上望着大地。我们在峡谷里走着,我久久地瞧着这颗星。马儿称心如意地朝家里小步快跑,碎石子在车轮下面沙沙响着。轻风从草原上送来正在开花的艾蒿苦涩的花粉,送来熟透了的黑麦那种清淡的香气,这一切和柏油气味以及汗腥的马具气味混到一起,弄得头脑晕乎乎的。

路的一旁，高悬着长满野蔷薇的一片岩石，另一边，在很远的下面，在山水柳和野白杨丛中，汹涌奔流着不肯停歇的库尔库列乌河。后面间或有列车带着灌耳的轰隆声飞过铁桥，渐渐远去，过后久久地响着车轮的轧轧声。

在凉爽时候驾车行路，望着轻轻颤动的马背，倾听八月之夜的音响，吮吸夜的气息，是最惬意的了。查密莉雅走在我前面。她撩过马缰，四下望着，轻轻地哼着点儿什么。我懂得，我们的沉默使她感到压抑。在这样的夜里不能沉默，在这样的夜里要唱歌！

她于是唱了。她唱，也许还因为，她想恢复我们和丹尼亚尔相处中原来那种彼此无间的态度，想驱散我们那种对不起他的难受心情。她的歌喉嘹亮而感情充沛，她唱的是普通的山歌，就如："我挥着绸巾招你来哟"，或者是"我的亲人儿踏上遥远的征途"。她会唱很多山歌，而且唱起来真挚动人，因此听她唱歌真是一件快事。但是她突然止住歌声，朝丹尼亚尔喊道：

"喂，丹尼亚尔，随便唱点什么吧！你是个男子汉不是？"

"你唱，查密莉雅，你唱！"丹尼亚尔勒住马，不好意思地回答说，"我在听你唱呢，竖着两个耳朵听！"

"怎么，你以为我们就没有耳朵！别来这一套！你要是不愿意唱，就别唱！"查密莉雅又唱起来。

谁可晓得，她为什么请他唱歌！也许，请唱歌就是请唱歌，也许，是想引他说话？十有八九是她真想和他谈谈，因为没过多久她又朝他喊道：

"你说说，丹尼亚尔，你什么时候恋爱过吗？"她说着笑起来。

丹尼亚尔什么都没有回答。查密莉雅也没有讲话。

“哼,偏偏请他唱歌!”我冷笑着想。

在一条横穿道路的小河旁,马儿用马掌嘚嘚地敲打着水漉漉的白玉般的石子,放慢了步子。我们涉过了浅滩,丹尼亚尔给马加了几鞭,猛不防地用那束缚已久的、颤抖的嗓音唱了起来:

头戴白帽、身披青衣的高山,
你养育了我世世代代的祖先!

他突然哽住了,咳嗽了一下,可是下面两句他是用深沉的胸音放声高唱了出来,虽然,微微有点嘶哑:

头戴白帽、身披青衣的高山,
你呀,你呀,你是我的摇篮……

唱到这里他又停住了,像是害怕什么似的,又沉默下来。

我完全想象得出丹尼亚尔难为情的神情。但是,甚至在这种羞怯的、断断续续的歌声中,也有着一种特别激动人心的东西,而且他的嗓子,应当说,是蛮好的,简直不能相信这是丹尼亚尔在唱。

“你可瞧瞧!”我忍不住说。

查密莉雅甚至惊叫起来:

“你这一手以前怎么不露啊?快唱吧,好好唱下去!”

前面现出亮光——出峡谷进平川的出口处到了。平川上吹来了轻风。丹尼亚尔又唱起来。他一开始依然很羞怯,信心不足,但是渐渐地他的歌声鼓足气力,灌满峡谷,在很远的悬崖上唤起了回声。

最使我惊讶的是，那曲调本身充满何等的炽情，何等的热力。我当时不晓得这该叫作什么，就是现在也不晓得，准确些说，是无法断定：这仅仅是歌喉呢，还是另有一种从人内心深处发出的更重要的东西，一种最能引起别人的共鸣，最能表露最隐秘的心曲的东西。

要是我能模仿丹尼亚尔的歌子，哪怕只是一点点，该有多好！其中几乎就没有歌词，它不用词儿便打开了人的宽阔的心怀。无论在这以前或是以后，我从来没有听到过这样的歌子：它不像吉尔吉斯调子，也不像哈萨克调子，可是其中又有吉尔吉斯风味，又有哈萨克风味。丹尼亚尔的乐曲融合了两个亲近的民族的最优美的曲调，又独出心裁地将它编织成一支和谐的、别具一格的歌曲。这是一支高山和草原之歌，它时而高亢昂扬，像登临吉尔吉斯的高山，时而纵情驰骋，像奔驰在哈萨克草原上。

我倾听着，惊奇得不得了："好个丹尼亚尔，原来竟是个这么不简单的家伙！谁又能想得到呢？"

我们已经在草原上走着，走在松软的走熟了的大路上，丹尼亚尔的歌声这会儿辽阔地舒展开去，新的歌曲一支接一支，变换自如地唱着。他难道有唱不完的歌？他这是怎么了？他好像就等着这样的一天，就等着这样的时刻。

我于是忽然懂得了他那些引起人们不解和嘲笑的怪癖——他的好遐想、爱孤独和沉默不语。这时我懂得了他为什么整晚整晚地坐在守望台上，为什么一个人留在河边过夜，为什么他总在倾听那些别人听不见的音响，为什么有时他的眼睛会忽然大放光彩，平时十分戒备的眉毛会飞舞起来。这是一个爱得很深沉的人。他所爱的，我感觉到，不仅是一个什么人；这是一种另一样的、伟大的爱——爱生活，爱大地。是的，他把这种爱珍藏在自己心中，珍藏在自己的歌曲中，他为它而生存。感情冷漠的人不能够唱得这样动人，不管他有多么好的嗓子。

当一支歌子的余音似乎停息了时，一阵新的激荡的浪潮，像是又把沉睡的草原惊醒了。草原很感激地在倾听歌手歌唱，那种亲切的曲调使草原如醉如痴。等待收割的、已经熟透的蓝灰色的庄稼，像宽阔的河面似的起伏不定，黎明前的微曦在田野上游荡。水磨旁雄伟的老柳群飒飒地摇动着叶子，河对岸野营地的篝火已经奄奄一息，有一个人，像影子一样，无声无息地在河岸上朝村子的方向纵马飞奔，一会儿消失在果园里，一会儿重新出现。夜风从那儿送来苹果的香气，送来正在吐穗的玉米鲜牛奶般的甜味儿，以及尚未晒干的牛粪块那种暖熏熏的气息。

丹尼亚尔久久地忘情地唱着。迷人的八月之夜，安静下来，听他的歌声。就连马儿也早就换了均匀的步子，像是恐怕扰乱了这种奇妙的境界。

突然，丹尼亚尔在一个最高亢的响亮的音节上中止了歌唱，他吆喝一声，打马飞奔起来。我想，查密莉雅一定也要跟着他奔驰起来，我也准备跟上，但是她动也没动。原来怎样把头偏到一旁坐着，现在还是那样坐着，好像依然在倾听那些萦回在空中的未绝的余音。丹尼亚尔走远了，我们却直到进村，一句话也没有讲。还需要讲什么话呢，要晓得，言语不是在任何时候都能表达得出一切心事的……

从这一天起，我们的生活似乎有点变了。我现在总在等待着一种美好的幸福时刻。一早我们就到打谷场上装车，去车站，我们迫不及待地离开车站，好在归途中倾听丹尼亚尔的歌唱。他的歌声在我心中生了根，每一步它都跟随着我。每天早上，我心中回荡着歌声，穿过湿漉漉的、露珠晶莹的苜蓿地，跑向羁绊住的马匹，而太阳迎面微笑着从山后滚出来。我处处听到这一声音：在簸谷老汉趁风扬起的麦粒的金雨那轻柔的簌簌声中，在草原上空孤独的鹞鹰那悠悠水流般的盘旋飞翔之中，——在我所看到和所听到的一切之中，我都觉得有丹尼亚尔的歌声。

傍晚，我们走在峡谷中的时候，每次我都觉得我跨进了另一个世界。我合上眼睛，倾听丹尼亚尔歌唱，在我面前会出现一些童年时候就异常熟悉、异常亲切的情景：有时在帐幕当头、大雁飞翔的高处，飘过正作春游的蓝雾般的轻柔云片；有时在咚咚响的大地上，蹄声嘚嘚、嘶声悠长地驰过夏牧的马群，牝马驹儿抖着未曾剪过的鬣毛，眼里闪着墨黑的、野气的火光，洋洋得意、憨头憨脑地一路跑着追赶自己的妈妈；有时羊群在山包上静静地纷纷散了开来；有时瀑布从悬崖上倾泻而下，它那飞舞乱溅的泡沫的白光耀眼欲花；有时在河对岸草原上，红日轻柔地落进芨芨草丛里，火红的天边有一个孤独而遥远的骑手，好像正纵马追赶落日——红日已伸手可及——可是也掉进了草丛和暮色之中。

河那边哈萨克草原十分辽阔。草原将我们的群山向两边推开，草原上冷冷清清，人烟稀少……

但是在那个令人难忘的夏天，战争降临的时候，草原上燃起了烽火，一群群战马荡起滚热的尘土，把草原闹得雾腾腾的，四面

八方奔驰着差骑。我记得,常常有跃马扬鞭的哈萨克在对岸用牧人那响亮的声音喊着:

“吉尔吉斯弟兄们,快上马:敌人来啦!”然后在阵阵尘烟和滚滚火热的气流中飞驰而去。

草原唤起了所有的人,我们的第一批骑兵在隆重庄严的震天动地声中,从山地、从平川奔赴前线。千万对金镫敲响,千万名健儿瞩目草原。前面,林立的旗杆上鲜红的旗帜猎猎飘舞;后面,马蹄荡起的尘烟背后,爱妻慈母悲壮的哭声震动大地:“愿草原保佑你们,愿我们的豪杰马那斯[①]在天之灵保佑你们!”

在人们出发去作战的地方,留下了千百条伤别的路径……

丹尼亚尔通过自己的歌唱,将这种大地之美和动荡不安的境界,整个儿展现在我的面前。他这是在哪里学来的,从谁那里听来的呢?我理解,只有那长年累月用整个心灵怀念过大地,尝够了思恋大地之苦的人,才能这样热爱自己的土地。在他歌唱的时候,我也看到他本人——一个小男孩,浪迹草原上。可能就在那时候在他心灵中产生了这些歌唱故乡的歌?也许是产生在他行进在炮火纷飞的征途上的时候?

听着丹尼亚尔歌唱,我真想匍匐在地上,像儿子对慈母那样紧紧抱住它,就因为它竟能使人这样地爱。那时我第一次感觉到,有一种新的东西在我心中觉醒了,当时这种东西我还叫不出名称,但这是一种不可克制的东西,这是一种要求——要求把它表现出来,是的,要求表现,不仅要自己能看见、能感触到世界,而且要把自己的观察、思想和感觉带给别人,要对人们叙说出我

①马那斯是吉尔吉斯民间史诗《马那斯》中的主人公,是一个勇士。

们的土地之美，像丹尼亚尔叙说得那样感人。对着一种莫名的冲动，我感到一种无端的恐惧和喜悦，使我心脉都停止了跳动。可是我当时还不懂得我需要拿起画笔。

我从小就爱画画。我常常描摹课本上的图画，孩子们都说我描画得丝毫不差。我把画拿给我们的墙报的时候，学校里老师常常夸奖我。但是后来战争开始，我的几个哥哥进了军队，我就和一般大小的孩子们一样，丢下学业，到农庄里劳动。我丢开了颜色和画笔，而且也没有想到，将来有一天会捡起来。可是丹尼亚尔的歌声惊动了我的心灵。我天天好像生活在梦里，我望着世界，眼睛里充满了惊奇，仿佛一切都是头一次看到。

查密莉雅突然变得多么不同了啊！似乎从来就不曾有过那样一个泼泼辣辣、好说好笑的人。一丝朦胧的惆怅的阴影笼罩在她那光彩敛去的眼上。走在路上，她常常一个劲儿地在想着什么。一种缥缈的、梦幻般的微笑，荡漾在她的嘴上，她不知因为一件什么好事暗自高兴，那件事只有她一个人知道。有时候，把粮袋扛到肩上，就这么一个劲儿地站着，怀着一种莫名的胆怯，恰似在她面前有一道汹涌奔腾的急流，她不晓得，可不可以往前走。她躲避着丹尼亚尔，不敢直望他。

有一天，在打谷场上，查密莉雅用一种有气无力、极不自然的抱怨语气对他说：

“把你那军装脱下来行吧？让我给你洗洗！”

然后，她把军装上衣在河里洗过，摊开来晒，自个儿则紧靠着坐下来，久久地用手掌尽力将它摩平，就着太阳瞧瞧磨穿的两肩，摇摇头，又沉默而忧伤地抚摩起来。

在这段时间,查密莉雅只有一次响亮地、快活惹人地笑过,而且眼睛也像过去那样明亮了一阵子。年轻的妇女、姑娘和小伙子们——原来的前方战士们,笑着闹着从苜蓿垛边蜂拥着顺路来到了打谷场上。

“喂,婆娘们,小麦面包不能单是你们吃,要请一请我们,不然,把你们扔到河里去!”小伙子们闹着,亮出了草杈。

“草杈可吓不住我们! 自有东西招待我的女伴,你们请自个儿动脑筋!”查密莉雅响亮地答复说。

“那好,把你们一起扔到水里去!”

于是姑娘们和小伙子们交起手来。他们喊着,叫着,笑着,互相把对方往水里推。

“抓住他们,往下拖!”查密莉雅笑得比谁都响,一面又快又灵活地躲避着进攻的小伙子们。

但是,真是怪事,小伙子们好像就看得见查密莉雅一个人。每个人都拼命去捉她、搂她。瞧,有三个小伙子一齐把她抓住了,把她抬到河边举了起来。

“快吻我们,要不,就扔啦。”

“把她扔下去!”

查密莉雅挣扎着,仰起头哈哈大笑,笑着呼唤女伴们前来救援。但是她们正没命地往河岸上跑着,一面去河里捞取自己的头巾。在小伙子们的哈哈大笑声中,查密莉雅飞进水里。她带着散乱的水漉漉的头发从水里爬出来,竟是比原来更美了。湿漉漉的花衫贴在身上,紧紧裹住那一双圆滚滚的健美的大腿和少女的乳房,她却全无觉察地笑着,一面踉踉跄跄地走着,一道道快活的小河，从她那火热的脸上向下流。

“快吻我们！”小伙子们还不放松。

查密莉雅吻了他们，可是又一次飞进了水里，又一次大笑，她把头往后甩着，好甩开那一绺绺湿漉漉、沉甸甸的头发。

打谷场上所有的人，都在笑年轻人玩的花样儿。簸谷老汉扔掉长锨，擦着泪水，他们那褐色的脸上的皱纹，放射着喜悦的、复活片刻的青春光彩。我也衷心地笑了，这一次竟忘记了履行我那保护查密莉雅不准小伙子们侵犯的职责。

唯独丹尼亚尔没笑。我偶然注意到他，便也不笑了。他宽宽地叉开两条腿，孤零零地站在打谷场边上。我以为，他就要冲过去，跑去把查密莉雅从小伙子们手里抢过来。他目不转睛地望着她，目光又是忧郁，又是赞赏，其中有喜悦，也有伤痛。是的，查密莉雅的美又是他的幸福，又是他的痛苦。当小伙子们将她搂住，要她逐个地亲亲时，他低下头去，做出要走开的样子，但是他没有走开。

这时查密莉雅也觉察到了他。她登时敛住笑容，低下头去。

“闹一会儿，该够了！”她出人意料地喝住闹得正欢的小伙子们。

有人还打算去搂她。

“走开！”查密莉雅将小伙子推开，抬起头来，朝丹尼亚尔匆匆投过负疚的一瞥，便跑进灌木丛里去拧衣服。

他们的关系我还不是全都十分清楚，而且得承认，我怕去想这些。但是，当我注意到查密莉雅本是自己要躲着丹尼亚尔，却因而变得郁郁寡欢时，不知怎的我感到很不舒服。最好她还是取笑他，嘲弄他。但是同时，每当夜晚我们走在回村的路上，听着丹尼亚尔歌唱的时候，我深深地为他们感到一种无法解释的喜悦。

在峡谷中查密莉雅坐在车上，进了草原便跳下车来步行。我也步行，在路上走着，听唱歌，这样更好些。一开头我们各靠各的车子走，但是一步一步地，自己也不知不觉地，越来越走近丹尼亚尔。有一种看不见的力量吸引我们向他走去，想在黑暗中仔细瞧瞧他脸上和眼睛的表情，——果真这就是那个孤僻、沉闷的丹尼亚尔他在唱吗？

每次我都留意到，查密莉雅往往十分激动，十分动情，不觉慢慢向他伸过手去，但是这一切他都没有看到，他用手扳住后脑勺，朝两边晃着，望着高处、远处；查密莉雅的手便犹豫不决地落到车厢板上。她于是浑身一抖，急忙抽回手来，站住身子。她站在大路中间，神情沮丧，茫然若失，对着他的背影望很久，然后再往前走。

有时我觉得，我和查密莉雅是被一种同样不可理解的感情搅得心神不宁。也许这种感情老早就藏在我们的心灵中，而现在到了它出头的时候。

查密莉雅干起活儿还是不顾一切，但是在我们难得的休息时刻，我们待在打谷场上的时候，她就坐也不是，站也不是。她靠近簸谷老汉走来走去，有时去帮帮他们的忙，用劲高高地迎风扬几锨小麦，随后突然扔下木锨，朝麦秸垛走去。在这儿，她在阴凉里坐下来，像是害怕孤独似的唤我：

“到这儿来，小兄弟，一块坐一会儿！”

我总在等待着她告诉我一件重大的事，讲一讲是什么使她不安。但是她什么都没讲。她一声不响地把我的头放在她的膝盖上，一面望着远处，一面揪弄着我那毛扎扎的头发，用颤动、滚热的手指抚摩着我的脸。我仰面望着她，望着她那充满不安和苦闷的脸，并且觉得，从她的脸上看出了我自己的神情。她也正被一种东西折磨着，一种东西在她心中蕴积已久，渐渐成熟了，要求出头。她非常害怕这一点。她极端地愿意，同时又极端地不愿意对自己承认她在恋爱，正像我一样，又希望又不希望她爱丹尼亚尔。因为归根结底，她是我父母的儿媳妇，是我哥哥的妻子。

但是这样的想法，在我脑子里只不过停留片刻时间。我把它驱赶开去。对我来说，真正惬意的事，乃是看到她那孩子般微张着的、多情善感的嘴唇，看到她那泪花迷离的眼睛。她是多么好看，多么美丽，她的一张脸流露着何等光彩照人的灵秀之气，何等炽热的感情。那时候我只不过看到这一切，但不能全部理解。现在我也常常在问自己：爱情也许是一种灵感，就和艺术家、诗人的灵感一样？望着查密莉雅，我真想跑进草原，放声高呼，问大地，问青天：我该怎么办，我将何以对待我心中这种不可理解的不安和这种不可理解的喜悦。于是，有一天，我似乎得到了答案。

我们像往常一样，从车站赶车往回走。夜幕已渐渐张开，星星一簇一簇地在天空闪烁，草原已经向睡魔屈服，只有丹尼亚尔的歌儿打破沉寂，声声扬起，又渐渐消融在柔和、黑暗的远方。我和查密莉雅走在他后面。

这一次丹尼亚尔又是怎么回事——在他的声调中有那么多柔情的、动人肺腑的烦恼和孤独感，使人对他无限同情和怜惜，不由地阵阵热泪涌到喉边。

查密莉雅低下头走着，牢牢地扶住车厢板。当丹尼亚尔的声音再度开始提高时，查密莉雅抬起头来，走着走着，跳到车上，和他坐到一起。她将两臂抱在胸前坐着，如同石像一般。我朝前跑一两步，和他们并排走着，从一旁望着他们。丹尼亚尔在唱着，似乎没有发觉查密莉雅坐在他身旁。我看到，她的手无力地垂下来，挨近丹尼亚尔，将头轻轻地靠在他的肩上。他的声音只颤动了短短一小会儿，就像正跑着的马被鞭打得颠了一下似的，然后又带着新的力量响亮起来。他在歌唱爱情！

我深受感动。草原上仿佛百花怒放，万物惊醒，黑暗被推开，于是我在这辽阔的草原上看到了一对恋人。他们却没注意我，就像这里压根儿没有我这个人似的。我走着，望着他们是如何的忘记了世界上的一切，随着歌子的节拍一块儿摇晃着身子。在我眼前，他们似乎是另外两个人了。这还是那个丹尼亚尔，穿着他那敞开的、破旧的士兵上装，但是他的眼睛似乎在黑暗中放光。这是我那查密莉雅，她贴在他身上，如此娴静而羞怯，眼睫毛上闪烁着泪花。这是两个新的、无比幸福的人。能说这不是幸福？你看，丹尼亚尔把自己对于故乡土地整个伟大的爱——那种使他心中产生出这种感人的音乐的爱，全部献给了她，他为她歌唱，他歌颂她。

我再一次体验到那种难以理解的、总是伴随着丹尼亚尔的歌声而来的激动心情。我忽然明白了我想做什么。我想把他们画下来。

我对自己的念头十分害怕。但是愿望压倒了恐惧。我要把他们画成这个样子，画成幸福的一对儿。是的，就画成他们现在这个样子。可我画得出来吗？又是害怕，又是喜悦，使得我呼吸急促。我陷入一种甜蜜而沉醉的忘情状态中。我同样是幸福的，因为还不知道，这种大胆的愿望将来会带给我多少困难。我自己下过决心，要像丹尼亚尔那样看待大地，我要用油画颜色把丹尼亚尔的歌子描述出来，我也会有高山、草原、人群、青草、白云、大河。我当时甚至想过："哪里可以弄到油画颜色？学校里不会给的，他们自己都不够用！"似乎全部问题仅在于此了。

丹尼亚尔的歌声突然中断了。这是查密莉雅猛然抱住了他，但她又马上放开，呆然片刻，闪到一旁，并且从车上跳了下来。丹尼亚尔踌躇地勒了一下马缰，马匹停了下来。查密莉雅转身背对着他，站在路上，随后猛地抬起头来，从侧面望着他，勉强忍住眼泪，说：

"你看什么呀？"稍停之后，又冷冷地说："别看我啦，走吧！"她也走向自己的车子。"你发什么愣？"她突然冲我说，"快上车，拿好自己的缰绳！唉，和你们在一起，够我受的！"

"她一下子又是怎么回事？"我催动马匹，困惑地想。其原因却是不消猜度的：她心里很不好受，因为她有合法的丈夫，还活着，正住在萨拉托夫的野战医院里。但是我实在不愿去想任何问题。我在生她的气，也生我自己的气，而且如果我晓得丹尼亚尔再也不唱歌了，晓得我不管什么时候再也听不到他的歌声了，那我说不定会恨起查密莉雅的。

极度的疲惫使我浑身难受，巴不得快一点捱到家朝麦秸上一躺。急步走着的马儿的脊背在黑暗中上下颤动，车子吃力地颠簸着，缰绳老是要从手里滑脱出去。

在打谷场上，我费力地扯下马轭，摔到车子底下，勉强走到麦秸堆旁，躺倒了。丹尼亚尔这一次自己把马带去吃草。

但是，清早我醒来，心中觉得十分高兴。我要画查密莉雅和丹尼亚尔！我眯起眼睛，就能惟妙惟肖地想象出我将画成的丹尼亚尔和查密莉雅的样子。似乎拿起画笔和颜色就可以画了。

我跑向河边，洗了脸，便奔向绊住的马匹。水湿冰冷的苜蓿，湿漉漉地打在两只光脚丫上，杀得到处是裂口的两脚生疼，但是我心情很好。我跑着，并且一路留心周围的事物。太阳从山后探过头来，可是沟边野生的葵花又向太阳探过头去。白头的芥子贪心地要把它围困起来，但是它不示弱，用它那黄色的舌片同白头芥子抢夺清晨的阳光，喂养那充实紧密的种子盘。这儿是叫车轮碾坏的沟渠过道口，水已经渗到车辙里。这儿是孤零零一小片淡紫色的长得齐腰深的清香的薄荷。我在可爱的土地上跑着，头顶上燕子在竞逐飞翔。啊，多么希望能有油画颜色，好画出清晨的太阳，画出头戴白帽、身披青衣的群山，画出这露珠晶莹的苜蓿和长在沟边的野向日葵。

回到打谷场上，我那喜气洋洋的心情马上暗淡下来。我看到愁眉不展、消瘦了的查密莉雅。看样子她这一夜都没睡，眼睛下面印着两片乌暗的阴影。她没有对我笑，也没有同我讲话。但是当生产队长奥洛兹马特来到时，查密莉雅走到他跟前，也不问好，就说：

“收回你的车子吧！随便把我派到哪里，车站我是不去了！”

“你这是怎么啦，我的好查密莉雅，叫牛虻咬了一口还是怎的？”队长很和善然而惊讶地说。

“牛虻有牛虻落的地方！我的事不劳你多问！我说不愿干，那就是不干！”

笑容从奥洛兹马特脸上消失了。

“愿干也好，不愿干也好，粮食还是要送！”他用拐杖敲着地面说，“要是有谁欺侮你，就讲，我会用我的拐杖敲断他的脖颈！要不是，就别生鬼花样：你运的是战士的粮饷，你自己的丈夫就在里面！”他猛地转过身去，撑着拐杖蹦走了。

查密莉雅感到很难为情，满脸都红了，她朝丹尼亚尔那边望了一眼，轻轻叹了口气。丹尼亚尔站在稍微离开些的地方，背对着她，一冲一冲地在紧马勒上的皮带。全部谈话他都听见了。查密莉雅手里揪弄着鞭子，又站了不大一会儿，然后无可奈何地把手一甩，朝自己的车子走去。

这一天我们回来得比平常都早。丹尼亚尔一路都在催赶马匹。查密莉雅愁眉不展，一言不发。我真不能相信，在我面前是一片晒焦的、黑沉沉的草原。昨天它还完全不是这个样子嘛！仿佛我是在童话中听到过它，而那种使我心情大变的幸福情景，还没有从脑海里消失。似乎我抓住了生活中最精彩的部分。我把它想象得细致入微，这弄得我一天到晚神魂不定。直到我从女司磅员那里偷来一张厚实的白纸，我才心安。我胸中揣着一颗咚咚跳动的心，跑到草垛后面，把纸摊在一张刨得很平的木锨上，——木锨是从簸谷老汉那里顺手牵羊拖来的。

“真主保佑！”就像当年父亲第一次让我骑到马上那样，我小声说，接着我用铅笔在纸上画起来。这是我第一幅拙劣的素描。但是当纸上现出丹尼亚尔的一些特征时，我什么都忘了！我已觉得，纸上已展开那八月的夜晚的草原，我觉得，我听到了丹尼亚尔的歌唱，看到了他本人，他仰着头，袒露着胸膛，也看到查密莉雅贴在他的肩上。这是我第一次独自作的画：这是车子，这是他们俩，这是撩在车前的缰绳，马背在黑暗中颤动，再就是草原，遥远的星星。

我深深陶醉地画着，周围什么都不去注意，直到我头上响起一个人的声音时，我才猛醒过来。

“你怎么回事？聋了还是怎的？”

这是查密莉雅。我真慌了，满脸通红，画要藏已经来不及了。

“车子早装好了，我们喊了你半天，都喊不应！你在这儿干什么？……这是什么？”她问道，并且把画拿起来。“哼！”查密莉雅生气地耸耸肩膀。

我真想钻到地里。查密莉雅对着画望了很久，然后对我抬起伤感、潮湿的眼睛，低声说：

“把它给我吧，小兄弟……我留着做个纪念……”她把纸对折起来，掖到怀里……

我们已经走上大路，可我怎么也不能镇定下来。这一切就像发生在梦里。真不能相信，我竟画出了一些和我所看到的情景很相像的东西。但是内心深处，却已经浮起一种天真的得意扬扬的心情，甚至自命非凡，而一些幻想——一个比一个更大胆，一个比一个更有诱惑力——简直弄得我如醉如痴。我已在打算画许许多多各种各样的画，可不再用铅笔，要用油画颜色。我全没有留意我们走得多快。这是丹尼亚尔在拼命赶马。查密莉雅也不肯落后。她两旁望着，有时不知因为什么微笑起来，笑得动情，可又负疚。我也笑了，就是说，她已经不再生我和丹尼亚尔的气了，要是她肯开口，丹尼亚尔今天会唱的……

这一次我们到车站比平常早得多，马匹可就像洗了个澡。车子还在走着，丹尼亚尔就开始卸粮袋。他要慌着到哪儿去，他出了什么事，很难理解。当火车从旁边经过的时候，他停下来，久久地、心事重重地目送着列车，查密莉雅也朝他望的方向望着，似乎想弄清他脑子里在想什么。

"你过来一下，有一个马掌松了，帮我扯下来吧。"她唤丹尼亚尔说。

当丹尼亚尔从夹在两膝中间的马蹄上把马掌扯下来，站起身来时，查密莉雅望着他的眼睛低声说：

"你怎么回事，不了解还是怎的？……还是世界上就我一个女人？……"

丹尼亚尔一声不响地将眼睛移开了。

"你以为，我心里就轻松？"查密莉雅叹一口气。

丹尼亚尔的眉毛飞舞起来，他带着热恋和忧郁的神情看着她，说了一点什么，但是声音很低，低得使我听不见，然后他快步走向自己的车子，甚至不知为什么显得很高兴。他走着，不住地抚摩着马掌。我瞧着他，感到不解：查密莉雅的话何以能使他感到安慰？要是一个人沉重地叹一口气说："你以为，我心里就轻松？"这又算得上什么样的安慰？……

我们已经卸完了车，准备走了，这时院子里进来一个伤兵，瘦瘦的，穿着皱皱巴巴的军大衣，背着行李包。几分钟以前，车站上停下了一列火车。伤兵朝四面望望，喊道：

“这儿有谁是库尔库列乌村的?”

“我是库尔库列乌村的!”我回答说,一面在寻思:这是哪一个?

“你是谁家的,小弟弟?”伤兵本待向我走来,但这时他看到了查密莉雅,于是又惊又喜地笑了起来。

“是你,凯里木?”查密莉雅惊讶地喊道。

“哎呀,查密莉雅妹妹!”伤兵向她跑去,双手握住她的手。

原来,这是查密莉雅的同村人。

“这可太巧了!就像事先晓得一样,打这个弯儿算打对了!”他兴奋地说,“我是刚从萨特克那儿来,我们一块儿住在野战医院里,谢天谢地,再过个把月他也要回来啦。临别的时候我对他说:给妻子写封信吧,我一定带到……这就是,拿去吧,原封未动。”凯里木递给查密莉雅一封三角形信笺。

查密莉雅抓住信,表情激动,随后脸色灰白,小心地瞅了瞅丹尼亚尔。他就像当时在打谷场上那样,宽宽地叉开两条腿,孤零零地靠近车子站着,用失望的眼睛望着查密莉雅。

这时人们从四面八方跑来,伤兵立时又看到熟人,又看到亲人,各种问讯纷纷而来。查密莉雅甚至还没来得及因为带信向他道声谢,丹尼亚尔的车子便轰隆轰隆地打她身旁驰过,冲出院子,猛颠猛跳地跨过辙坑,扬起一路灰尘。

“他疯了还是怎的!”人们朝他背后喊。

伤兵已经叫人们领走了,我和查密莉雅依然站在院心里,望着渐渐远去的一团团的灰尘。

“走吧,嫂子。”我说。

“你走,让我一个人待一会儿!”她痛苦地回答说。

就这样,我们第一次分头而行。蒸人的闷热燎烤着干燥的嘴唇。一天来被灼晒得白热化了的干裂、火烫的大地,这会儿似乎正在渐渐冷却,升起一层白茫茫的雾气。在同样白茫茫的蜃气中,西方天际跳动着一颗柔韧的形状无定的太阳。在那苍茫的天际,正在聚拢橙红色的暴风雨的云块。干热的风一阵阵吹来,吹到马面上,像是留下一层白色的水碱,然后猛力撩开马鬃,疾驰而去,到小丘上去拨动艾蒿的细叶。

“要下雨了,是不是?”我想。

我感到自己多么无依无靠,感到多么恐慌!我鞭打着一心想换成慢步行走的马匹。干瘦的长腿野雁,惶惶不安地往山谷中乱窜。大路上吹来一些颜色乌暗的沙漠牛蒡草叶子——我们这儿没有这种东西,这是从哈萨克那边吹来的。太阳已经落下去。周围一个人都没有。只有劳累了一天的草原。

我来到打谷场上,天已经黑下来。寂静无声,没有一丝风。我唤了一声丹尼亚尔。

“他到河边去了,”值夜人回答说,“真太闷气啦,都回家了。没有风,打谷场就没有人光顾!”

我把马匹赶去吃草,并且决定到河边去一下,——我晓得河边丹尼亚尔常去的地方。

他弯着腰,把头垂在膝盖上坐着,正在倾听陡岸下面河水的咆哮声。我真想走过去,抱住他,对他讲几句宽心话。但是我能对他讲什么呀?我在旁边站了一会儿,就回来了。后来我在麦秸上躺了很久,望着笼罩着乌云的黑沉沉的天空,我在思索:“人世上的事为什么这样复杂，这样难以理解？”

查密莉雅依然没有回来。她到哪里去了呢？我睡不着，虽然累得要命。山峦的上空，乌云深处，不时地闪动着遥远的电光。

丹尼亚尔走来的时候，我还没有睡。他漫无目的地在打谷场上徘徊着，不时望望大路。过了一会儿，来到麦秸垛后面，在我旁边的麦秸上躺了下来。他会到别处去的，现在他不会再留在村里了！可是他往哪里去啊？他孤孤单单，无依无靠，谁又要他呀？我听到渐渐驶近的车子缓慢的轧轧声，已经是睡意蒙眬了。大概，查密莉雅回来了……

不记得我睡了多久，只觉耳边忽然有一个人的脚步声在麦秸上窸窸窣窣响着，像是有一只水湿的翅膀轻轻挨了一下我的肩膀。我睁开眼睛。原来是查密莉雅。她从河边来，穿着拧过了水的凉丝丝的长衫。查密莉雅停下来，不安地朝四下望望，靠近丹尼亚尔坐下来：

“丹尼亚尔，我来了，我自己要来的。”她轻轻地说。

周围一片寂静，闪电无声地滑了下来。

“你在难过？很难过，是吧？”

又是一片寂静，只听到一块被冲刷下来的土块掉到河里去时轻柔的溅水声。

“难道是我的错？你也没有错……”

远处群山之上雷声隆隆。查密莉雅的侧面被闪电照得雪亮。她四下望了望，便伏到丹尼亚尔身上。她的肩膀在丹尼亚尔的手臂中抽搐地抖动着。她在麦秸上伸直身子，挨着丹尼亚尔躺下了。

急喘喘的风从草原里奔来，卷起麦秸团团打转，撞到打谷场边歪斜的帐篷上，又斜刺里跑到大路上陀螺似的滴溜溜乱转。蓝色的寒光又在乌云中飞掣，焦雷带着干枯的断裂声在头上咔嚓咔嚓响着。叫人又怕又喜——一场大雷雨，最后一场夏季大雷雨就要来临。

“难道你以为我会舍得了你，去爱他？”查密莉雅热烈地悄声说，“不会的，决不！他什么时候也没有爱过我。就连问候也不过在信末尾附笔写一下。我才不稀罕他和他那背时的爱情，让人们爱怎么讲就怎么讲好啦！我的亲人儿，孤孤单单的人儿，谁也别想把你夺走！我老早就爱你了。当我还没有认识你的时候，我在爱着，等待着你，你终于来了，就像知道我在等你似的。”

蔚蓝色的闪电，一个接一个婀娜多姿地朝陡岸下面的河里直钻。一滴滴倾斜的冷雨，沙沙地打在麦秸上。

“查密莉雅，亲爱的查玛尔苔！”丹尼亚尔悄声说，他用哈萨克语和吉尔吉斯语中最亲热的叫法叫着她的名字。“转过脸来，让我好好看看你！”

雷雨大作。

帐篷上吹落的毛毡在地上噗噗跳动着，像被击落的鸟儿在拍打翅膀。大雨一阵猛似一阵地倾注着，像是在狂吻大地，雨脚被风撩得歪歪倒倒的。沉雷像猛烈的山崩似的隆隆滚动，斜穿过整个天空。群山之上闪耀着远方闪电明亮的火光，就像春天火红的郁金香。疾风在深谷里呼啸，如癫如狂。

大雨在下，我将身子裹到麦秸里躺着，我感觉到，一颗心在我手底下跳动得多么猛烈。我是多么幸福。我有这样一种感觉：仿佛是大病之后第一次看到阳光。雨打在我身上,闪电照在我身上,但我心境舒畅,我带着微笑沉沉睡去,已经不清楚:是丹尼亚尔和查密莉雅在窃窃私语,还是渐渐平缓的夜雨在窸窣地敲打麦秸。

这会儿雨水要多了,秋天快到了。空气中已是常常散发着艾蒿和泡透的麦秸的秋意绵绵的、湿漉漉的气息。秋天,又是什么在等待着我们?关于这一点,不知怎的我全没去想。

在那个秋天,辍学两年之后,我又进了学校。课后我时常到河边陡岸上去,坐在此时已经空旷无人的当日的打谷场边。我在这里用学生颜料画出自己的第一批素描画。甚至依我那时的看法,我都觉得不够满意。

"颜色不行!能有真正的油画颜色就好了!"我对自己说,虽然我还想象不出,真正的油画颜色该是什么样子。

只是在若干年后,我才见到了用铅管装着的真正的油画颜色。

颜色归颜色。可是看起来依然是老师说得对:画画必须学习。谈到学画,过去连想也不敢想,当哥哥们一直杳无音信,妈妈对我这个唯一的儿子,两家的男子汉和养家人,怎么也不肯放手的时候,哪里还能谈到学画?我连提都不敢提。可是秋天就像故意逗弄人似的,显得分外美丽,就等你去画它。

清凉的库尔库列乌河水已经落下去了,浅水处露出水面的顽石上,长满了暗绿色和橙红色的苔藓。光秃的柔情的河柳染过早霜,已变成红色,但是小白杨树却还保留着结实的黄色叶子。

烟熏雨淋的牧马人的帐篷，在河湾里再生草地上显得黑魆魆的，出烟孔上缭绕着一缕缕浓浓的蓝灰色炊烟。瘦长强壮的牡马凄凉地放声长嘶，因为牝马四散回家了，牡马留在马群里，一直留到春天，自然不会安生。山上回来的牲畜，一群一群地在收割后的田地上走来走去。干枯焦黄的草原上，横七竖八地交叉着印满蹄迹的路径。

很快便吹起了草原风，天空昏暗下来，下起一场一场的冷雨——这是雪的先兆。有一天，是一个差强人意的日子，我来到河上——我真十分欣赏浅滩上那火红的山梨树丛。我在离河滩不远处的河柳丛中坐下来，已是傍晚时候。忽然我看到有两个人，从各方面判断，他们是徒步过河的。这是丹尼亚尔和查密莉雅。我目不转睛地望着他们那严峻的、惶惶不安的面孔。丹尼亚尔背着行李包，急匆匆地走着，敞开的军大衣的两襟，碰打着他那破旧的厚油布靴筒。查密莉雅戴着一顶白色浅帽，浅帽这会儿歪到了脑后，身上穿着她最漂亮的那件花衫，这件花衫是她爱穿着在市集上露两下子的，花衫上面罩一件棉绒对襟女褂。她一只手提着一个不大的包袱，另一只手攥着丹尼亚尔的旅行包的皮带。他们一路在谈着什么事。

他们已经走在直穿休耕地的长满芨芨草的小路上，我望着他们的背影，不知怎么办才好。也许，该喊一声？但是舌头恰似粘在上颚上了。

最后的紫红色的夕照，顺着贴山急行的斑驳的云排滑走了，天立刻黑了下来。丹尼亚尔和查密莉雅头也不回地朝小站的方向走去。他们的头在芨芨草丛里又晃了两三次，随后就不见了。

“查密莉雅……雅……雅！”我使足所有的力气喊。

“雅……雅……雅……雅！”到处响起回声。

“查密莉雅……雅……雅！”我又喊了一次，然后不顾一切地跑进水里，过河去追赶他们。

冰冷的水花，大片大片地飞到我的脸上，衣服湿透了，可我还是急不择路地往前跑，突然碰到一点什么东西，重重地摔倒在地上。我躺在地上，没有抬头，我泪流满面。似乎黑暗来到了我的头上。芨芨草的秆儿尖细而忧郁地叫啸着。

“查密莉雅！查密莉雅！”我咽着眼泪，呜呜地哭着。

我和我最亲最爱的两个人告别了。只是这会儿躺在地上的时候，我忽然理解到，我在爱查密莉雅。是的，这是我初次的、依然是孩子的爱情。

我将头埋到湿漉漉的臂肘中躺了很久。我不仅告别了查密莉雅和丹尼亚尔，也告别了我的童年。

当我好容易摸黑回到家时，院子里乱哄哄的，马镫叮当响着，有人在备马，奥斯芒喝得醉醺醺的，在马上抖着威风，可着嗓子大叫：

“早就该把这个偷生的狗杂种赶出村子。简直是全族的耻辱，全族丢丑！他要落到我手里，就地干掉他，吃官司就吃官司，决不能听凭随便一个叫花子就来拐走我们的女人！喂咦，哥儿们，跨上马，他哪里也跑不掉，到车站去保准追得到！”

我浑身一冷：他们朝哪里去追？但是当我确信无疑追赶的人将是顺大路去车站，而不是往小站时，便悄悄溜进房里，连头裹进父亲的皮袄，不让任何人看到我的眼泪。

村里当时有多少流言蜚语啊！女人们争先恐后地议论查密莉雅：

“真蠢！这样的人家，她要走掉，有福自己糟蹋了！”

“我倒要问问，她看上的是哪一点？他的全部家业就那件破大氅和满是窟窿的靴子！”

“自然就甭提牲畜满院了！无亲无故的流浪汉，叫花子——有多大家底子，全在身上。没什么，多情女会有懊悔的一天，可那就晚了。”

“真是天大的怪事！萨特克凭哪一点不是个好丈夫，凭哪一点不是个好当家的？全村头一个好男子！”

“还有那婆婆呢！这样的婆婆老天爷可不是让每个人都能摊得上的！那样的家主娘再是天底下难找！蠢女人，糊里糊涂把自己毁了！”

可能，只有我一个人没有议论我原来的嫂嫂查密莉雅。就算丹尼亚尔只有一件破大氅和满是窟窿的靴子，但是我晓得，在精神上他比我们所有的人都富有。我不能，决不能相信，查密莉雅和他在一起会不幸福。只不过我很可怜妈妈。我觉得，她原来的精力都随着查密莉雅一块儿不见了。她懊丧，消瘦，而且就我现在理解的，她怎么也不能承认，生活有时会如此猝然地打碎旧的基石。要是风暴吹倒的是一棵强劲的树，它就再也不能起来了。以前妈妈不肯找任何人替她穿针引线，好强心不容她这样。可这会儿，有一天我从学校回来，看到妈妈的手在打战，她看不到针鼻儿，在哭着。

“来，把线穿上！”她吩咐我，又沉重地叹一口气。“查密莉雅不知去哪儿了……唉,她要是不走,会是家里多好的一个管家的！走啦……不要家了……可为啥要走？还是我们家错待她来？……”

我真想抱住妈妈,安慰安慰她,对她讲讲丹尼亚尔是怎样一个人,但是我不敢,那我会叫她一辈子抬不起头来。

我清白无辜地卷入这桩事里边,终归不再成为秘密……

萨特克很快便回来了。他自然很难过,虽然在拼命喝酒时对奥斯芒说:

“走啦,她正该有这种下场。谁知道会死在哪里。我们这时代女人有的是。就连一个金发女人,也换不到一个顶无用处的小伙子。”

“这话对!”奥斯芒回答说,“就可惜当时他没有落到我手里,要干掉他,就完事大吉了,至于她,揪住头发,拴到马尾巴上了事！说不定,是到南方去了,去种棉花或是找哈萨克去了,他倒不是头一次流浪了！只不过我弄不懂,这到底是怎么搞的,事前谁也不晓得,连想也不曾想到。这全是她,不要脸的,一手安排的!我真该把她……”

听着这些话,我真想对奥斯芒说:“你一定没忘记她在割草场上怎样呵斥你。你才是个不要脸的家伙!”

有一天我坐在家里,正在给学校里的墙报画一点什么。妈妈在炉边忙碌着。忽然萨特克闯进屋来。他脸色灰白,眼睛凶狠地眯缝着,朝我奔来,把一张纸搡到我鼻子底下。

“这是你画的?”

我急坏了。这是我的第一张画。栩栩如生的丹尼亚尔和查密莉雅这会儿正望着我。

“是我。”

“这是谁?”他用一个指头戳着纸说。

“丹尼亚尔。”

“叛逆!”萨特克冲着我的脸叫喊道。

他把画撕得粉碎,咔嚓把门一摔,走了出去。

经过很久的闷人的沉默之后,妈妈问我:

“你早就晓得?”

“是的,早就晓得。”

她靠在炉上,带着那样的责备和困惑神情望着我。当我说“我还要把他们画出来”时,她伤心而无可奈何地摇了摇头。

我望着散在地上的碎纸片,一种难以忍受的凌辱使我十分气恼。随便把我当作叛逆吧。我背叛了谁? 背叛了家庭? 背叛了我们的家族? 但我没有违背情理,没有违背真正的情理,我觉得他们两个人所作所为合情合理! 我无法对任何人讲明这件事,就连妈妈也不会理解我。

一切东西在我眼里都变得模糊起来,碎纸片就如活的一样,好像在地上旋转。丹尼亚尔和查密莉雅从画上望着我的那一时刻,深深地印入了我的脑海,以致我忽然觉得,仿佛我听到了丹尼亚尔的歌声——就是他在那难忘的八月之夜唱的那支歌。我想起他们是怎样离开村子的,我于是急不可耐地想踏上征途,和他们一样,大胆、坚决地走上艰难的追求幸福的道路。

“我要出去学习……你告诉爸爸,我想成个画家!”我坚定地对妈妈说。

我原是认定,她会责备我,而且会讲起在战争中牺牲的哥哥,会哭起来的。但是,使我吃惊的是,她没有哭,只不过凄然地小声说:

“去吧……你们翅膀长硬了,就各飞各的吧……我们哪里晓得,你们能不能飞得高?也许,你们对。去吧……也许到了外面会改变主意……画画,抹颜色——这不算手艺……学学就知道了……就是别忘了自己的家……”

从那天起,小房和我们分了家。我不久就出外学习了。

这就是事情的全部经过。

从艺术学校毕业之后,我被送进美术学院,我向学院提出了自己的毕业创作——这就是我幻想了很久的那幅画。

不难猜到,这幅画上画的是丹尼亚尔和查密莉雅。他们走在秋日的草原路上。他们面前是辽阔、明朗的远方。

虽说我的画还不完美——艺术不是一日之功——但是它对我来说却是无限可贵的,它是我第一次有意识的创作冲动。

现在我也常有失败,常有对自己失掉信心的沉重时刻。这时我就非要去看看这幅我最心爱的画,非要去看看丹尼亚尔和查密莉雅不可。我久久地望着他们,每次都和他们进行交谈:

“如今你们在哪里?你们走着什么样的道路?现在我们草原上有很多新的道路——去阿尔泰,去西伯利亚,在全哈萨克斯坦到处有路可通!有许许多多勇敢的人在那儿劳动着。也许,你们是到那些地区去了?我的查密莉雅,你走了,穿过辽阔的草原,头也不回地走了。也许,你疲倦了,也许,你对自己失掉了信心?你就偎依到丹尼亚尔身上吧。让他为你唱起他那歌唱爱情、歌唱大地、歌唱生活的歌！让草原翩跹起舞，变幻出万紫千红！让那八月之夜在你脑海里萦回！朝前走吧，查密莉雅，不要后悔，你已经找到了你那得来不易的幸福！”

我望着他们，并且听到了丹尼亚尔的声音。他也在召唤我踏上征途——就是说，该是动身的时候了。我要穿过草原回到自己的村子，我会在村里看到新的色调的。

但愿我画的每一笔，都飞扬着丹尼亚尔的歌声！但愿我画的每一笔，都跳动着查密莉雅的心！

译自苏联《新世界》1958年8月号，根据莫斯科青年近卫军出版社1982年版《钦吉斯·艾特玛托夫》三卷集第一卷校订

白轮船

一

他有两个故事。一个是他自己的，别人谁也不知道。另一个是爷爷讲的。到后来一个都没有留下来。我们说的就是这回事。

这一年他满七周岁，虚岁八岁了。

开头是买了一个书包。一个黑色人造革书包。提手下面有明晃晃的金属拉链。有装小东西的小夹袋。总而言之，是一个很不平常的平平常常的书包。也许，种种事情就是这个书包惹出来的。

这个书包是爷爷在外来的流动售货车上买的。流动售货车经常带着山区牧民所需的货物到处跑，有时也到圣塔什河谷他们的护林所这里来转转。

从护林所这里往上去，峡谷里，山坡上，全是国家保护的山林。这个护林所总共才三户人家。可是流动售货车还是时不时地来光顾一下这些看山林的人。

他是三户人家中唯一的男孩，总是他首先发现流动售货车的到来。

“来啦！”他喊着朝各家的门口或窗口跑去。“卖东西的汽车来啦！”

这条行车路，从伊塞克湖畔通到这里，一路上经过的全是峡谷、河岸，一路上净是石头和坑洼。汽车走这样的路是很不简单的。流动售货车来到卡拉乌尔山前，就要从谷底慢慢往山上爬，然后再顺着又陡又光的斜坡往下走很久，才能来到护林人的家门前。卡拉乌尔山就在旁边。夏天，小男孩差不多每天都要跑到山上去，用望远镜眺望伊塞克湖。站在山上望去，路上的一切——步行的，骑马的，更不用说汽车啦——全都看得清清楚楚，就像在手心里似的。

这一次，是在一个炎热的夏日，孩子正在自家的水池里玩水，看到汽车一路灰尘滚滚地顺着斜坡开了过来。水池就在河边浅水处，水底是沙砾。这是爷爷用石头垒成的。如果没有这个水池，说不定这孩子早就不在人世了。正如奶奶说的，河水可能早就冲干净了他的骨头，一下子冲到伊塞克湖里，给鱼鳖虾蟹做伴去了。而且谁也不会去找他，谁也不会哭他的，因为谁也犯不着钻到水里去，因为没有多少人心疼他。暂时还没有出这种事。要是出了这种事，说不定奶奶真的不肯扑上去救他。如果他是她亲生的外孙，那当然不同啦，可是，他呢，奶奶说，他是外人。不论怎么养活他，不论把他拉扯多大，外人总归是外人。外人呢……要是他不想当外人呢？为什么偏偏他该算外人？也许，外人不是他，而是奶奶自己呢？

不过，这一点以后再讲，爷爷修水池的事也以后再讲……

且说他当时看到了流动售货车，车子正在下坡，车后拖着一团团灰尘。他高兴极了，就好像知道准会给他买一个书包似的。他立即从水里蹦出来，很快将裤子套到细细的腿上，身上还水淋淋的，浑身发青（因为河水很凉），便顺着小道朝家里跑去，他要抢先报告流动售货车到来的消息。

这孩子飞快地跑着，蹦过一丛丛的树棵子，遇到大石头，要是蹦不过去，就绕过去。不论高高的草丛面前，不论石头旁边，他都片刻不肯停留，虽然他知道，它们都是很不简单的，它们会见怪，甚至会伸出腿来绊你一跤。"卖东西的汽车来了。我等一会儿就来。"他一边跑，一边朝"睡骆驼"（这是他给一块驼背的、下身埋在土里的赭色花岗岩取的名字）喊道。平时他不在他的"骆驼"的背上拍几下，是不会轻易过去的。他总是拿出主人的姿态拍拍它，就像爷爷拍他那短尾巴骟马那样，随随便便，大模大样，边走边拍，还要说一声："你在这里等一会儿，我去办点事情就来。"他有一块"马鞍"石，这是一块半白半黑的花斑石，当中有一道凹腰，可以像骑马一样骑在上面。还有一块"狼"石——很像一只粗脖子、大脑门、毛色褐中带白的狼。他常常朝它匍匐前进，朝它瞄准。但是，他最喜欢的石头还是"坦克"，这是一块紧靠河水、巍然屹立在被河水冲得壁陡的岸上的巨石。看架势，这"坦克"就要从岸上冲下去，向前行进，河水就要沸腾起来，溅起白色的浪花。因为在电影里坦克就是这样行进的：从岸上冲到水里，前进……这孩子很少看电影，因此，看过的东西他记得很牢。爷爷有时带他到山后附近的国营农场种畜场去看电影。因此岸边就出现了时刻要冲过河去的"坦克"。还有其他一些石头，如"坏家伙"，或者“好人”，甚至“机灵鬼”或者“笨蛋”。

在花草中间也有“可爱的”“可恶的”“勇敢的”“胆小的”，各种各样的都有。比如说，带刺的田蓟就是主要的敌人。他一天要跟田蓟厮杀几十次。但这场战争总是结束不了，田蓟还是在生长，而且越来越多。可是，你瞧瞧野牵牛花，虽然也是遍地生长，它们却是顶聪明、顶快乐的花儿。早晨它们最会迎接太阳。别的花草什么也不懂：什么早晨，什么晚上，全部一样。可是牵牛花，阳光一照，就睁开眼睛，笑了。先是一只眼睛，然后又是一只，然后所有的花卷儿一个接一个都张了开来。白色的，淡蓝色的，淡紫色的，各种颜色的……如果坐到它们旁边，别吱声，就会觉得它们仿佛睡醒后在悄声细语。连蚂蚁也知道这一点。早晨，蚂蚁总爱在牵牛花上跑，在阳光下眯着眼睛，听听花儿在说些什么。也许，说的是昨夜的梦？

白天，一般是在中午，他喜欢钻到枝条细密的色拉尔珍草丛里去。色拉尔珍草很高，没有花，却非常香，一蓬一蓬的，密密实实地聚在一起，不许别的草靠近。色拉尔珍草是很可靠的伙伴。特别是如果有什么委屈，想哭一场而又不愿让别人看到，最好就躲到色拉尔珍草丛里去。色拉尔珍草发出的香气，就像松树林里的气味。色拉尔珍草丛里又热又静。而主要的是，色拉尔珍草不把天空遮住。尽可以仰面躺着，眺望天空。开头泪眼模糊，几乎什么都分辨不出。随后云彩飘过来，在顶上变幻出你想看的一切。云彩知道，你不很开心，你想远走高飞，叫谁也找不到你，叫大家都唉声叹气：唉，这孩子不见了，现在咱们到哪里去找他啊？……为了不出这种事，为了叫你永远不要走掉，为了让你静静地躺着欣赏云彩,你想要什么,云彩就变什么。一样的云彩可以变幻出千奇百怪的东西。只要你会欣赏云彩的巧工就行。

色拉尔珍草丛里非常安静,而且它们不把天空遮住。散发着热烘烘的松树气味的色拉尔珍草就是这样的……

他还知道许许多多关于草的事情。他对那些长在河滩草地上的银光闪闪的羽茅草就有点瞧不起。这些羽茅草真是奇怪!一点主见都没有。它们那柔软、光滑的细叶儿没有风就不能过日子。就等着风来:风往哪边吹,它们就往哪边倒。而且一齐弯过去,那样整齐,就像听到命令似的。可是如果下起雨,或者大雷雨来了,羽茅草就不知往哪里躲藏了。慌慌张张,跌跌撞撞,拼命向地面上贴。要是有腿的话,大概会逃得无影无踪的……可是它们这一切全是装的。等雷雨一过,这些没有骨气的羽茅草又在风中摇曳了,风往哪边吹,它们就往哪边倒……

这孩子没有伙伴,天天生活在他周围这些自然景物的怀抱里,只有流动售货车能使他忘掉一切,拼命地跑上前去迎接。没说的,流动售货车可不是石头和草呀什么的。流动售货车上什么东西没有啊!

当他跑到家时,流动售货车已经快要从房后绕到院子里来了。护林所的几座房子都面对着河,房前的场地就成了直达河边的缓缓的斜坡,而在河对面,陡立的河岸一上去,便是漫山的森林,所以,来护林所的路只有一条,那就是从房后绕过来。如果不是这孩子及时赶到的话,谁也不会知道流动售货车已经到了。

这时男子汉都不在家,他们一早就出门了。女人们正在忙家务。他尖声叫了起来,朝各家门口跑去:

“卖东西的汽车到啦！已经到啦！”

女人们忙活起来。连忙去找藏好的钱，争先恐后地跑了出来。连奶奶都夸奖起他来：

“咱们这里就数他眼尖！”

这孩子感到十分得意，就好像流动售货车是他亲自带来的。他简直高兴极了，因为是他给她们送来这个好消息，因为他可以和她们一起朝房后跑，一起在带篷货车的车门口挤来挤去。但是，一来到这里，妇女们马上就把他忘了。她们顾不得他了。各种各色的货物都有，眼睛一下子就看花了。妇女总共有三个：奶奶、别盖伊姨妈（是他妈妈的姐姐，也是这护林所的头头儿护林员奥罗兹库尔的老婆）和抱着小女孩的年轻媳妇古莉查玛（她是辅助工谢大赫玛特的老婆）。总共就三个女的。但是她们却你争我抢，将货物翻来倒去，乱哄哄的，使得售货员不得不要求她们按次序来，不要一齐乱嚷嚷。

不过，他的话对妇女们不起什么作用。她们先是一把搂过来，然后开始挑选，然后又把选过的东西一样一样还回去。她们把一些东西挑出来，比试比试，讨论讨论，翻来覆去拿不定主意，一个问题问上几十遍。有的东西她们不喜欢，有的太贵了，有的颜色又不合适……孩子站在旁边，觉得没有味道。他期望出现一点奇迹的那种心情消失了，他看到流动售货车下山时那股高兴劲儿没有了。流动售货车突然变成了堆满各种破烂儿的普通汽车。售货员皱起眉头：看不出这些娘儿们会买什么东西。他干什么要翻山越岭老远赶到这里来呢？

果然不出所料。娘儿们开始往后退了，她们的热火劲儿冷下来了,甚至好像累了。不知为什么她们又说起自己不买的理由,不知是互相解释,还是说给售货员听的。奶奶首先抱怨说没有钱。没有现钱,就不能买现货。别盖伊姨妈不经男人允许,是不敢买大件东西的。别盖伊姨妈是世界上最不幸的女人,因为她没有小孩;就因为她不生小孩,奥罗兹库尔喝了酒常常打她;所以爷爷也非常难受,因为别盖伊姨妈是爷爷的亲生女儿呀。这一回,别盖伊姨妈买了一两样小东西和两瓶伏特加。明明是白糟蹋钱,自讨苦吃。奶奶忍不住了:

"你干吗要自找倒霉?"奶奶不想叫售货员听到,低声责备她。

"我自己知道。"别盖伊姨妈毫不客气地回嘴说。

"真蠢!"奶奶小声说。她的声音更低些,但是带一种幸灾乐祸的意味。要不是售货员在场,她早就大骂别盖伊姨妈了。天啊,她们可别吵起来!……

幸亏年轻媳妇古莉查玛打了岔。她向售货员解释起来,说她的谢大赫玛特很快要到城里去,进城是要花钱的,所以她不能大手大脚的了。

她们就这样在售货车旁挤了一场,如售货员说的,买了"一个子儿"的东西,就各自回家去了。哼,这算什么生意!售货员朝走开的娘儿们背后啐了一口唾沫,就动手收拾被翻乱的货物,准备开车走了。这时,他注意到了小男孩。

"你干什么,大耳朵?"他问道。这孩子有两只招风耳朵、细细的脖子和大大的圆脑袋。"想买东西吗?那就快一点,要不,我就收摊了。有钱吗?"

售货员只不过因为无事可干，随便问一声，但孩子却恭恭敬敬地回答说：

"不买东西，叔叔，我没有钱。"他还摇了摇头。

"依我看，你有钱，"售货员装作不相信，拉长声音说。"你们这里都是大财主嘛，装穷罢咧。你那口袋里是什么，不是钱吗？"

"不是的，叔叔。"他还是很诚恳、很顶真地回答，并且把一个破口袋翻了过来（另一个口袋已经缝死了）。

"这么说，你的钱都漏掉啦。快到你跑过的地方找找去。准能找到。"

他们沉默了一会儿。

"你是谁家的？"售货员又问道。"莫蒙老汉家里的，是不是？"

孩子点了点头。

"是他的外孙吧？"

"是的。"孩子又点了点头。

"你妈妈在哪里？"

孩子一声不响。他不愿提这件事。

"你妈妈呀，一点音信都没有。你也不知道，是吗？"

"我不知道。"

"你爸爸呢？也不知道吗？"

孩子不作声。

"你啥也不知道，伙计，你这是怎么回事呀？"售货员用责备的口吻逗他说。"好吧，既然不知道，那就算了。拿着！"他抓过一把糖果，"吃去吧。"

孩子不好意思起来。

“拿着,拿着。别耽误时间。我该走了。”

孩子将糖装进口袋,便准备跟在汽车后面跑,送一送流动售货车。他唤来了那条懒得要命的长毛狗巴尔捷克。奥罗兹库尔一直说要打死这条狗的,他说:养这样的狗有什么用?可是爷爷一直央求他等一等,说:得养一条护羊犬,然后再把巴尔捷克带出去甩掉。巴尔捷克啥事也不管,吃饱了就睡,饿了就钉着人讨吃的,不分自家人和外人,只要给吃的就行。巴尔捷克就是这样一条狗。不过有时候闲得无聊,也跟在汽车后面跑跑。当然,跑得不远。刚刚放开步子,接着就突然转回头,吓得跑回家。真是条不争气的狗!不过,带着狗跑还是比不带狗强一百倍。不论是什么样的狗,总是一条狗……

孩子背着售货员悄悄地扔给巴尔捷克一块糖。“你小心点儿!”他对狗警告说,“咱们得跑很久呢。”巴尔捷克叫了两声,摇摇尾巴,表示还想吃。可是他不敢再给它了。人家会不高兴的。人家给一大把糖,可不是喂狗的。

恰好这时候爷爷来了。老人家是到养蜂场去的。在养蜂场里是看不到家门口的事的。好在爷爷回来得及时,流动售货车还没有走呢。真巧啊。要不然,外孙就不会有书包了。今天这孩子真走运。

那些过分精明的人给莫蒙老汉取了个外号叫“快腿莫蒙”。方圆左近的人都认识他,他也认识所有的人。莫蒙所以得到这样的外号,就因为他一向对任何人,即使只有一面之识的人,都十分热忱,他乐意随时为别人做事,为别人效劳。不过,谁也不看重他的热忱,就好比一旦开始无偿地散发黄金,黄金就不可贵了。人们对待莫蒙，也不像对待一般他这种年纪的人那样尊敬。跟他相处很随便。不论为哪一位德高望重的布古族长者举行盛大的丧宴（莫蒙是布古族人，他觉得这很荣耀，从不放过参加同族人丧宴的机会），都派他宰牲口，迎接贵宾，扶贵宾下马，献茶，要不然就是劈柴，挑水。在盛大的丧宴上，四面八方来的宾客那样多，操劳的事能少得了吗？不论交给莫蒙什么事情，他干得又快又利落，主要是他不像别人那样偷懒耍滑。村里那些负责操办丧宴接待大批客人的年轻媳妇，看到莫蒙干得那样麻利，总要说：

"要不是快腿莫蒙，我们真招架不住！"

带了外孙远道而来的这位老人家，常常给烧茶炊的人做下手。别人处在他这种地位会觉得这是屈辱，会受不了的。莫蒙却毫不在乎。

快腿老莫蒙殷勤地为客人效劳，谁也不觉得稀奇。他叫了一辈子快腿莫蒙，本来就因为这一点嘛。怪只怪他自己是快腿莫蒙。要是旁人表示稀奇，说：你这么大年纪，为什么要给娘儿们当跑腿的，难道这村里的小伙子都死光了吗？莫蒙就回答说："死者是我的兄弟（他把所有的布古人都当作自己的兄弟。其实，死者同其他客人的关系更为密切）。给他办丧宴，我不来干，谁来干呢？只有这样，我们才叫一家人，打从我们的老祖宗长角鹿妈妈起，我们布古人就是一家人了。圣母长角鹿传给我们的是友爱，要我们一举一动、一思一念都要做到这一点……"

快腿莫蒙确实就是这样的人！

老老少少都跟他"你、我"相称，可以拿他开玩笑，因为老头子是个没有脾气的人；可以拿他不当回事儿，因为老头子是个从不计较的人。难怪俗话说,不会使人尊敬自己,就要受人欺。他就不会。

他一生会做许多事情。会做木匠活儿,会做马具,会堆草垛;年轻时他在农庄里干活儿,草垛堆得顶漂亮,到冬天都叫人舍不得拆掉:雨水落到草垛上,就像落到鹅身上一样,哗哗地往下流;大雪落到上面,就像盖起了两面坡的屋顶。战争时期他当过工程兵,在马格尼托城为工厂砌过墙,被大家称誉为斯塔汉诺夫式人物。复员后,在护林所搭起房子,管起了森林。虽然他名义上是个辅助工,可是管理森林的就是他,他的女婿奥罗兹库尔则大部分时间出外交游。除非有时上司突然来到,奥罗兹库尔才亲自领着上司到森林里转转,陪着打点野味,这时他才成了当家人。莫蒙还照料牲口,还养蜂。莫蒙从早到晚都在干活儿,忙忙碌碌地过了一辈子,可就是没有学会使人尊敬自己。

再说,莫蒙的外表也一点没有长者的威仪。既不气派,又没架子,更不威风。他是个老好人,而且叫人一眼就可以看出他身上这个不起眼的人类特征。古往今来现实都在教训这样的人:“别做好人,快做恶人!给你一鞭子,再来一鞭子!快做恶人!”可是,不幸得很,他始终是一个屡教不改的好人。他的脸总是笑眯眯的,笑得皱纹上起皱纹,眼睛好像总是在问:“你要什么?你要我给你做点什么事吗?你要怎样,只管对我讲,我马上就办。”

他那鼻子软软的、扁扁的,好像根本没有鼻梁骨。而且他的个头儿不高,是个麻利的小老头儿,像个半大孩子。

胡子吗,胡子也不像样。真是好笑。光光的下巴上三五根红毛,这就算是胡子了。

你有时可以看到：忽然有一位仪表不凡的长者骑马在路上走过，那胡须就像一抱小麦，他身穿肥大的皮袄，那宽宽的羊羔皮领子翻在外面，头戴名贵的皮帽，骑的是高头大马，连马鞍也是镀了银的，——俨然一副圣人和先知气派，对这种人鞠几个躬也够荣幸的，这种人到处受人尊敬！而莫蒙却生就的只是一个快腿莫蒙。也许，他唯一的优点，就是不怕在别人眼前失去自己的尊严。（他坐也不讲究，笑也不讲究，说话、回答都不讲究，这也不讲究，那也不讲究……）就这种意义而论，莫蒙自己也意想不到，他是一个少有的幸运儿。很多人的死，与其说是由于疾病，毋宁说是由于朝思暮想、处心积虑、时时刻刻要抬高自己的身价。（谁又不希望充当一个聪明、漂亮、叫人看得起，同时又是八面威风、一贯正确、举足轻重的人呢？……）

莫蒙却不是这样的人。他是个怪人，人们也就拿对待怪人的办法对待他。

只有一件事可以使莫蒙生气，那就是：在为某人筹办丧宴的时候，如果忘记了请他去参加亲属会议……在这种情况下，他往往气得不得了，而且十分难过，但这不是因为没有拿他当回事儿，——在这种会议上他反正起不了什么作用，不过到到场罢了，——而是因为破坏了古风。

莫蒙有自己的不幸和伤心事，他往往因此十分苦恼，夜里常常哭。这一点外人几乎一无所知。家里人是知道的。

莫蒙一看到站在流动售货车旁边的外孙，就看出这孩子有不称心的事。但售货员毕竟是远道而来的人，老人家还是先跟他打招呼。他赶快翻身下马，两只手一齐向售货员伸了过去。

“大掌柜,恭喜发财!”他半开玩笑半认真地说。“你的商队平安到达啦？生意兴隆吧?”莫蒙满面春风地摇撼着售货员的手。“咱们多日没见啦！欢迎欢迎!”

售货员听了他的话,看着他那寒碜的衣着(还是那双绽开了缝的油布靴,还是老奶奶做的那条粗麻布裤、那件破褂子,还是那顶由于雨淋日晒变成褐色的破毡帽),不禁淡淡地一笑,回答说:

“商队倒是平安无事。不过,这可不好,商队到你们这里来,你们却躲到森林、山谷里去了。而且还要叫娘儿们守住每一个子儿,就像守住命一样。这里哪怕货物堆成山,却没有人舍得花钱。”

“别见怪,好同志,”莫蒙不好意思地道歉说,“我们要是知道你来,决不会跑开的。至于没有钱,那这是没有办法的事。到秋天等我们卖掉土豆……”

“随你讲吧!”售货员打断地的话,“我反正了解你们这些臭财主。你们住在山里,土地、干草要多少有多少。周围都是森林,三天也跑不遍。你不是还养牲口、养蜂吗？可是要花钱就舍不得了。你就买床绸被面吧,缝纫机也还有一架……”

“真的,没有这么多钱。”莫蒙解释说。

“我才不信哩。你心疼钱,老头子,你一股劲儿地攒钱。攒钱干什么呢?”

“真的没有。我可以向长角鹿妈妈发誓!”

“好吧,那就买段绒布,做条新裤子吧。”

“要是有钱,我一定买,我向长角鹿妈妈发誓……”

“唉,真拿你没办法!”售货员甩了一下手,说,“白跑一趟了。奥罗兹库尔在哪里?”

“一大早就出去了,好像是到阿克塞去了。找牧羊人有事。”

“就是说,是做客去了。”售货员会意地、直截了当地说。

出现了很尴尬的冷场。

“你千万别见怪,好同志,”莫蒙又开口说,“到秋天,真主保佑,等我们卖掉土豆……”

“到秋天还远着哩。”

“这么着,那就请原谅了。要是肯赏光的话,就到我家里喝杯茶吧。”

“我可不是来喝茶的。”售货员谢绝了。

他正要关车门,当下又望了一眼站在老汉旁边、抓住狗耳朵、已准备好跟了汽车跑的孩子,说:

“那就买个书包也好。看样子,这孩子该上学了吧?几岁啦?”

莫蒙脑子里马上出现一个念头:他是得向苦苦劝购的售货员多少买点东西,而且外孙也确实需要一个书包,今年秋天他是该上学了。

“噢,这话对。”莫蒙连忙掏钱。“我还没有想到哩。可不是,已经七周岁,虚岁八岁了。来,过来。”他朝外孙喊。

老人家在几个口袋里翻了一阵子,掏出一张收藏好的五卢布钞票。

看样子,这张票子他已经揣了很久,已经被压实了。

“拿去吧,大耳朵。”售货员一面眨眼睛逗弄小男孩,一面将书包递给了他。“这一下就好好学习吧。学不好文化,就得一辈子跟爷爷待在山沟里。”

“学得好的。我家这孩子很伶俐。”莫蒙一面数找回的零钱，一面回答说。

然后他朝很不自然地拿着书包的外孙望了一眼，一把将他搂到怀里。

“这可是一件宝贝。到秋天就可以去上学了。”他轻声说。爷爷一只僵硬的大手温柔地捂在外孙的头上。

孩子也感觉到，喉咙眼儿好像突然被什么东西堵住了，他深切地感觉到爷爷太瘦了，他闻到了爷爷衣服上那种熟悉的气味。那是一种干草气味和干活的人的汗味。这个忠实、可靠、可亲的人，也许是世界上唯一心疼这孩子的人，他就是这样一个憨厚、有些古怪的老头子，那些精明人就是把他叫作“快腿莫蒙”的……那又有什么呢？不管他怎么样，自己有个爷爷，总是好的。

这孩子自己都没有料到，他会高兴成那样。以前他想都没有想过要去上学。以前他只看到过上学的孩子们，那是在山后伊塞克湖畔的一些村镇里，他跟爷爷去参加德高望重的布古族老人的丧宴时看到的。从这一刻起，孩子就离不开书包了。他马上就欢天喜地地跑去找护林所的所有居民，向他们夸耀一番。先给奶奶看：瞧，爷爷买的！然后给别盖伊姨妈看。姨妈看到书包也十分高兴，而且还夸奖了他几句。

别盖伊姨妈难得有心情好的时候。她经常愁眉不展，心情十分烦躁，总是不理睬自己的外甥。她顾不了他。她有她的不幸。奶奶说：她要是有孩子的话，那她会大不一样的。就连她的男人奥罗兹库尔也会大不一样。要是那样的话，爷爷也会大不一样，不会像现在这样。虽然他有两个女儿——大女儿就是别盖伊姨妈,小女儿就是这孩子的妈妈,——可是,他照样不好过。没有孩子不好,要是孩子没有孩子,那就更糟。奶奶是这样说的。他真不懂……

他给别盖伊姨妈看过之后,又拿去给年轻媳妇古莉查玛和她的小女儿看。然后又跑往割草的地方去找谢大赫玛特。他又一次从赭色的"骆驼"石旁边跑过,又是没工夫拍拍它的驼峰,又擦过"马鞍"石、"狼"石和"坦克"石,随后就一直顺着岸边醋柳丛中的一条小道朝前跑,然后又顺着割净了草的长长的一条空地朝草地跑去,终于跑到了谢大赫玛特跟前。

谢大赫玛特今天一个人在这里。爷爷早就割完了自己分到的一片,也顺手割完了奥罗兹库尔分到的一片。而且他们已经把干草运回家了:奶奶和别盖伊姨妈拢堆,爷爷装车,他也帮爷爷将干草往大车跟前拖。他们在牛栏旁边堆了两个草垛。爷爷将垛顶封得十分严实,多大的雨也淋不进去。两个草垛光溜溜的,就像用梳子梳过似的。每年都是这样。奥罗兹库尔从来不割草,全推给丈人干,就因为他好歹是个头头儿。他常说:"只要我高兴,马上就能把你们辞掉。"他这是对爷爷和谢大赫玛特说的,而且是醉后说的。他是不可能辞掉爷爷的。辞掉爷爷,谁来干活呢?没有爷爷,那怎么行呢?森林里的活儿很多,特别是秋天,事情多得很。爷爷说:"森林不像羊群,森林是不会跑散的。但是,照管森林并不省事些。因为一旦起火或者山洪暴发,树不会自己跑开,不会挪地方,长在哪里,就毁在哪里。可是,一个管林子的人,就是要不让树木受损失。"至于谢大赫玛特,奥罗兹库尔是不会辞他的，因为他非常驯顺。他百事不问，从不顶嘴。不过，他虽然是个又驯顺又壮实的小伙子，却懒得要命，喜欢睡大觉。所以他才成了看林子的。爷爷说："这样的壮小伙子，到国营农场开汽车、驾拖拉机耕地才是。"可是谢大赫玛特连自己菜园里的土豆都懒得管，菜园里到处长满了滨藜。古莉查玛只好抱着孩子去侍弄菜园。

谢大赫玛特一直拖着不肯割草。前天爷爷说他了。爷爷说："去年冬天，我不是心疼你，我是心疼牲口。所以我匀给你干草。你要是现在还指望着我老头子的干草，就干脆说吧，那我就来替你割。"这话管用了，谢大赫玛特今天一早就挥动了镰刀。

谢大赫玛特听到背后飞跑的脚步声，便转过身来，用衬衫袖子擦了擦脸。

"你干什么？有人找我，是不是？"

"不是的。我有一个书包了。瞧。爷爷买的。我要去上学了。"

"就为这个跑来的？"谢大赫玛特哈哈大笑起来。"你爷爷脑袋里有一条糊涂虫，"他将一个手指在鬓角上转了两圈。"你也是个小迷糊！好吧，让我看看是个什么样的书包。"他拉了几下拉链，把书包翻看一遍，便轻蔑地笑着摇了摇头，把书包还给了孩子。"别忙，"他叫道，"你究竟上哪个学校？你的学校在哪里？"

"什么哪个学校？种畜场的学校呗。"

"就是说，要到杰列赛去上学？"谢大赫玛特吃惊地问。"到那里得翻一座山，少说有五公里。"

"爷爷说，他骑马接送我。"

“天天来回接送？老头子真是想迷了心窍……他自己上学倒是正当年。他可以和你坐同桌，上完课一起回家！”谢大赫玛特笑得前仰后合。他想象着莫蒙爷爷和外孙同坐一桌的情景，觉得好笑极了。

孩子一声不吭，他窘住了。

“我这是说着玩儿的！”谢大赫玛特解释说。

谢大赫玛特轻轻地弹了一下孩子的鼻子，把爷爷那制帽的帽檐一下子拉到他眼睛上。莫蒙一向不戴林业人员的制帽，他不好意思戴。（“我算得什么官儿？除了我的吉尔吉斯毡帽，别的什么帽子我都不戴。”）莫蒙夏天戴的是旧式的毡帽——一顶用褪了色的黑缎子缘边的白色尖顶帽，这是一种过了时的骑士帽；冬天戴的也是旧式的羊皮帽。林业工人的绿制帽他就给外孙戴了。

谢大赫玛特听到新闻后采取了这种嘲笑的态度，这使孩子很不高兴。他皱着眉头将帽檐向上面推了推，当谢大赫玛特想再一次弹他的鼻子时，他将头一扭，顶嘴道：

“别没有完！”

“嘿，你火气还不小哩！”谢大赫玛特笑了笑，“你别不高兴。你的书包好极了！”又拍了拍他的肩膀，“现在你滚吧。我还要割草呢……”

谢大赫玛特朝手心里吐了一口唾沫，握起镰刀又割了起来。

孩子朝家里跑去。又是经过那条小道，又是擦过那些石头。暂时还是没工夫跟石头玩。书包可是一件了不起的东西。

孩子喜欢自言自语。不过，这一次他不是自己跟自己说话了，他对书包说起话来：“你别信他的话，我爷爷才不是那样呢。

爷爷不会要滑，所以大家爱笑话他。就因为他不会要滑嘛。他会送咱们去上学的。你还不知道学校在哪里吧？不怎么远。我等会儿指给你看看。咱们到卡拉乌尔山上用望远镜就可以看到。我还要指给你看看我的白轮船。不过，咱们先得到棚子里去。我的望远镜就藏在那里。我本当是照看牛犊的，可是我每次都要跑去看看白轮船。咱们家的牛犊已经老大了——它要是挣起来，你扯都扯不住，——可是它还老是恋着母牛吃奶呢。那条母牛就是它妈妈，妈妈是不心疼奶的。你懂吗？当妈妈的从来就没有什么舍不得给孩子的。古莉查玛就是这样说的，因为她有个女孩……一会儿就要挤牛奶了，随后咱们就赶牛犊去吃草。它吃它的草，咱们就爬到卡拉乌尔山上去，到山上就可以看到白轮船了。我跟望远镜也常常这样说话。现在，我、你、望远镜——咱们三个在一块儿了……”

他这样朝家里走着。他很喜欢跟书包讲话。他打算再讲下去，想讲讲他自己，因为书包还不了解他呢。可是他的思路给冲乱了。旁边传来了马蹄声。有一个人骑着一匹灰马从树林里钻了出来。这是奥罗兹库尔。他也回家来了。他这匹个人专用、不许别人骑坐的灰马阿拉巴什鞍辔齐全，有勒胸皮带、铜马镫，还有叮当直响的银坠儿。

奥罗兹库尔的帽子歪戴在后脑勺上，那红红的、耷拉着短发的前额完全露了出来。他热得昏昏沉沉，就在马上睡了起来。仿效区首长服装式样缝制得不怎么地道的绒布制服褂从上到下全敞开着，白衬衣从腰带底下挣了出来，一副酒足饭饱的样子。他刚刚做客回来，马奶酒喝足了，肉也吃饱了。

附近一带的牧羊人和牧马人每当夏季进山放牧时，常常将奥罗兹库尔请去吃酒。他有许多老相识。但请他吃酒是有打算的。奥罗兹库尔是个用得着的人。特别是那些要盖房子的人离不了他。有些人要盖房子，但是自己天天待在山里，扔不下牲畜，离不开，到哪里去弄建筑材料呢？尤其是到哪里去弄木料呢？可是，只要能讨得奥罗兹库尔喜欢，好说，你就可以从保护林里挑几根上等原木弄走。要不然，你就得永远赶着牲畜在山里游荡，你的房子一辈子也盖不起来……

醉得浑身无力、一副了不起的样子的奥罗兹库尔大模大样地用熟皮皮靴的尖儿踩住马镫，在马鞍上打着盹儿，骑马过来了。

当孩子摇着书包，迎着他跑来的时候，他猛地一惊，差点儿从马上跌下来。

“奥罗兹库尔姨父，我有书包了！我要去上学了。你瞧我的书包！”

“哼，该死的！”奥罗兹库尔惊得勒住马，骂了一声。

他用睡得红红的、肿胀的醉眼朝孩子望了望：

“你干什么？从哪里来？”

“我回家去。我有一个书包，我拿给谢大赫玛特看的。”孩子泄了气，小声说。

“好啦，玩去吧。”奥罗兹库尔嘟哝着说。说完，又摇摇晃晃地骑着马往前走。

他哪里有闲心思去管这浑蛋的书包？哪里有心思去理睬这个被父母遗弃的孩子、老婆的外甥？他自己就够倒霉的了。老天爷连一个亲儿子、一滴亲骨血都不肯给他，可是给起别人来却没完没了，大方得很……

奥罗兹库尔鼻子一酸，抽抽搭搭地哭了起来。他又难过，又痛恨。难过的是，这一辈子留不下后代；恨的是老婆不生孩子。是她，该死的婆娘，多少年怀不上孩子……

“我要好好收拾你！”奥罗兹库尔攥紧沉甸甸的拳头，心里发狠说。他低声抽搭着，尽量不哭出声来。他自己知道，他一回到家就要揍她。奥罗兹库尔每次喝了酒都是这样的。这个牛一样的汉子一难过起来，一恨起来，就要疯狂地发作。

孩子跟在后面顺着小路走着。他觉得奇怪：前面的奥罗兹库尔忽然不见了。原来奥罗兹库尔拐到了河边，下了马，扔下缰绳，径直地穿过高高的草丛朝水边走去。他用两只手捂着脸，缩着头，摇摇晃晃、踉踉跄跄地走着。到了水边，蹲了下来。他一捧一捧地掬起河里的水往自己脸上浇。

“看样子，他是热得头痛了。”孩子看到奥罗兹库尔用水浇自己的脸，便这样想。他不知道奥罗兹库尔刚才哭过，而且差点儿要失声痛哭。他哭，因为跑来迎接他的不是他的儿子；他哭，还因为他缺少一种要紧的东西，不然的话，至少会对这个摇着书包跑来的孩子说几句有人情味的话的。

二

在卡拉乌尔山顶上可以眺望四面八方的景物。孩子趴在地上，调节着望远镜的焦距。这是一架远程的军用望远镜。是爷爷因为多年护林有功得到的奖品。老头子不喜欢摆弄望远镜，他说："我的眼睛不比望远镜差。"可是外孙却爱上了这玩意儿。

他这一次上山，带了望远镜，还带了书包。

开头出现在圆孔里的景物跳动着，十分模糊，接着一下子就清楚起来，稳住不动了。这比什么都有趣。孩子屏住呼吸，生怕碰动了对好的焦距。然后他又将视线转向另一点，于是一切又模糊起来。他又转动起目镜。

在这里，什么都能看得到。能看得见那些最高最高的、差点儿就挨着天的雪山顶。它们在所有的山峦后面，俯瞰着所有的山峦和整个的大地。那些比雪山稍低些的山上，森林密布，下层是密密的阔叶树林，上层是黑魆魆的松林。还能看到昆盖伊山向阳的一面。昆盖伊山的山坡上，除了野草，什么都不长。就在湖所在的方向，还有一些更小的山，那简直是一些光秃秃的石头坡。这些石坡脚下就是川地，川地与湖相接。还是这个方向，有田野、果园、村落……田野上的庄稼这里那里已经绿里透黄，收割期渐渐近了。一辆辆小小的汽车像小老鼠一样在路上跑着，后面拖着长长的灰尾巴。在大地最遥远的一隅，在视线尽头处，弯弯的一带沙滩过后，便是湛蓝湛蓝的湖水。那就是伊塞克湖。那里水天相连。再远望，就什么也望不到了。湖面上无风无浪，波光粼粼，无限寥廓。隐隐能看到拍岸的波浪溅起白色的水花。

孩子朝这一方望了很久。“白轮船还没有来呢，”他对书包说，“那就再来看看咱们的学校好啦。”

从这里望去，山后附近的谷地尽在眼底。在望远镜里甚至可以看得清，有一位老奶奶坐在房前窗下，手里正织着毛线。

杰列赛谷地没有树林，只是有些地方还保留着一棵两棵躲过了砍伐的老松树。以前这里曾经是一片森林。如今是一排排盖了石棉瓦的牲口棚，还有一大堆一大堆的饲草和黑乎乎的牲口粪。这里是为奶牛场培育良种幼畜的。就在离牲口棚不远的地方，有一条短短的小街，那就是养畜人居住的村子。这条小街一溜慢坡下来，尽头处有一座不像住家的小房子。那就是一所四年制学校。高年级的孩子们都到国营农场上寄宿学校去了。在这所学校学习的全是小家伙。

这孩子过去喉咙疼，爷爷曾经带他到那个村子找过医生。这会儿他用望远镜全神贯注地望着那所小小的学校，望着那褐色瓦屋顶、那孤零零的歪斜的烟囱，望着胶合板木牌上手写的“小学”这个词儿。他不识字，但他猜得出上面就是这样写的。用望远镜什么都能看得见，连最小的、小得不可思议的东西都能看得清。石灰墙上刻画的字迹、窗玻璃上加衬的玻璃、凉台上凹凸不平的木板——全都历历在目。他想象着，他就要带书包到那里去，就要踏进现在正挂着一把大锁的那个门了。门里面又是什么呢？

看过了学校，孩子又将望远镜对准湖面。但湖面上还是老样子。白轮船还没有出现。孩子转过身，背对着湖坐了下来，将望远镜搁在一旁，朝山下望去。就在山脚下面，在长形谷地里，一条汹涌奔腾的山河泛着银光，从一片一片的石滩中间穿过。河的一边有一条路，这条路跟河一起蜿蜒前进，又跟河一起消失在峡谷转弯处。河对岸则是悬崖和森林。圣塔什森林就从这里起，向山上伸去，一直钻到皑皑的白雪底下。爬得最高的是松树。在连绵不断的山脊上，在冰雪怀抱里，岩石丛中，到处生长着松树，一丛一丛的，像黑黑的毛刷。

孩子望着护林所的房子、草棚和牲口棚，觉得好笑极了。从山上看去，这些房舍显得又小又不牢实。护林所过去，河边上，便是他十分熟悉的那些石头了。所有那些石头——“骆驼”“狼”“马鞍”“坦克”——他都是在这卡拉乌尔山上用望远镜第一次发现，随即给它们取了名字的。

孩子顽皮地一笑，站起来朝院子扔了一块石头。石头就落到了山上。孩子在原地坐了下来，又用望远镜观察起护林所。他先是将望远镜倒过来看——房舍跑得老远老远的，变成了小小的玩具盒子。巨石变成了小石子。爷爷在浅水处修的水池更是好笑——水浅得只能没到麻雀的爪子。孩子扑哧一笑，摇了摇头，赶紧掉转望远镜，调好了焦距。放大了许多倍的他那些心爱的石头，好像抵到了镜头上。“骆驼”“狼”“马鞍”“坦克”的样子都很动人：遍身都是纹和棱，两侧都有斑斑点点的铁锈色苔藓；主要的还是，都很像他所想象的东西。“嘿，你这只‘狼’好神气！这‘坦克’真够威风！……”

几块大石头过去，水浅处，便是爷爷修的水池了。河边这块地方，用望远镜看得很清楚。河水在这里打了个弯儿，从急流处拐到宽阔的沙滩上，翻着腾腾的细浪，重又拐向汹涌的急流。滩上的水有齐膝深。但是水流也很急，可以毫不费力地把他这样大的孩子冲到河中心去。为了不叫流水冲走，孩子总是抓住河边的柳棵子（柳棵子就长在河边，有些枝条在地面上，有些枝条在水里摇曳着），再到水里去打扑腾。这算什么游泳？就像一匹马给拴住了。而且还有许多不开心的事，还要挨骂呢！奶奶就数落爷爷：“他要是给冲到河里去，就让他自作自受好啦，我才不管呢。爹娘都不要他了，我犯不着来心疼他。别的事够我操心的了，我可没有工夫管他。”

老头子能对她说什么呢？看来，老婆子讲得也有道理。但是，也怪不得孩子：河就在跟前，差不多就在门口嘛。不管老婆子怎样吓唬，孩子还是照样往水里钻。于是莫蒙就下定决心，要在浅水滩上用石头垒一个水池，让孩子在里面游水，免得出事儿。

为了选的大些的石头不叫流水冲跑，莫蒙老汉翻弄了多少石头啊！他将大石头抱到肚子上，一块一块地搬过去，站在水里，一块挨一块地垒起来，要垒得使河水能从石头缝里畅快地流进来，又能畅快地流出去。这个又可笑、又干瘪、只有几根稀稀拉拉小胡子的小老头，穿着湿漉漉的、贴在身上的裤子，整天整天地垒这个水池。到晚上，累得就像瘫了一样，不住地咳嗽，连腰都直不起来。这下子奶奶又来火了："小的是傻瓜，——他总是小孩子；老的也是傻瓜，又怎么说呢？你拼命瞎折腾什么？给他吃，给他喝，不就够了吗？还要惯他，由着他胡闹。哼，这样下去，不会有好结果的！……"

不管怎么说，浅水滩上的水池修得真不错。现在这孩子游泳不用提心吊胆了。抓住柳条，溜下岸去，就可以朝前游了。而且一定要睁着眼睛游。鱼是睁着眼睛在水里游的，所以他也要睁着眼睛游。他有这样一个奇怪的幻想：想变成鱼。想游得远远的。

这会儿，孩子用望远镜望着水池，想象着他怎样甩掉褂子和裤子，光着身子，打着哆嗦，钻进水里。山河里的水总是凉的，刚进水都喘不过气来，但是过一阵子就习惯了。他想象着，他怎样抓住柳条，脸朝下跳进流水里。头上的水啪的一声合拢起来，河水在肚子底下、背上、腿上刷刷地直窜。在水底下，外面的声音听不见了，耳朵里面还是一个劲儿地哗哗响。他睁着眼睛，拼命去看水下一切能看得到的东西。他将眼睛拼命睁大，都睁疼了，但他得意地自己笑笑，还在水里伸伸舌头。他这是给奶奶看的。要她知道，他才不会淹死呢，他一点也不害怕。然后他放开手里的柳条，河水就冲着他连翻带滚地朝前去，直到他的两只脚抵在水池的石头上。这时才快活疯了哩！他一下子从水里跳起来，爬上岸，重新又朝柳棵子跑去。这样重复许多次。在爷爷修的水池里，哪怕一天游一百次，他也愿意。不变成鱼，决不罢休。无论如何，他一定要变成鱼……

孩子朝河边看着看着，又把镜头转向自家的院子。母鸡、带着小火鸡的老火鸡、靠在木头上的斧头、冒着烟的茶炊以及院心里各种各样的东西都显得非常大,也非常近,好像就在跟前,他不由得伸出手去摸。这时,他看到变得跟大象一样大的褐色牛犊正心安理得地嚼着挂在绳子上的衣服,不禁吓了一跳。那牛犊快活得将眼睛眯成一条缝儿,嘴边流着口水——它觉得大口大口地嚼着奶奶的连衫裙,太有味道了。

“啊,你这浑蛋东西!”孩子拿着望远镜欠起身来,将手直挥。“快滚开! 听见吗,给我滚远些! 巴尔捷克! 巴尔捷克!(在望远镜里看到,狗正悠闲自在地躺在墙脚下。)去咬它,快去咬它!”他绝望中对狗下起命令。

可是狗连耳朵也不肯动一下。它只顾躺着,好像什么事也没有似的。

就在这时,奶奶从房里出来了。她一看到眼前的事,惊得将两手扬得高高地一拍,抓起一把扫帚就朝小牛奔去。小牛跑了,奶奶跟在后面撵。孩子一面将镜头对着她,一面蹲了下来,免得让她看到他在山上。奶奶撵跑了牛犊,便一面骂着,一面朝家里走。她因为生气,因为跑了一阵子,不住地喘着粗气。孩子看她看得十分真切,就像跟她在一起似的,甚至比在一起还要真切。他对她使用了特写镜头,就像在电影里局部地表现一个人的脸时那样。他看到她那气得瞇起来的黄眼睛。他看到,她那皱皱巴巴、一道褶一道褶的脸变得通红通红的。就像电影里声音突然不响了一样,奶奶的嘴巴在望远镜里急促而无声地翻动着,露出她那带豁子的几颗残牙。她叫些什么,在远处是听不到的,但是,她的话这孩子却觉得听得十分清楚、十分真切,就像是对着他的耳朵讲的。嘿，她骂起他来才凶哩！他都能背得出来：“哼，等着瞧吧……你总要回来的。看我收拾你！我可不像你爷爷。我说过多少次，要把这个浑蛋望远镜扔掉。又跑到山上去了。快叫那条鬼轮船翻掉吧！快叫火烧掉，快沉掉吧！……”

孩子在山上沉重地叹了一口气。在这样的日子里，在给他买了书包、他已经想着要去上学的时候，还要他去看牛犊呢！……

奶奶还不肯罢休。她一面还在骂着，一面翻来覆去地看她那件被嚼烂了的连衫裙。古莉查玛抱着女儿走到她跟前。奶奶将事情说给她听，越说越冒火。她朝山上直抡拳头。她那干瘦的黑乎乎的拳头气势汹汹地在镜头前面晃动着：“你倒玩得快活！叫那条鬼轮船快翻掉！快叫火烧掉，快沉掉！……”

院子里的茶炊已经烧开了。在望远镜里可以看到，一股股的水汽从盖子底下直往外冒。别盖伊姨妈出来拿茶炊。又惹起事来。奶奶把她那件被嚼烂的连衫裙差点儿捅到别盖伊姨妈的鼻子上。那意思是：喂，瞧瞧你外甥做的好事！

别盖伊姨妈连忙安慰她、劝她。孩子在猜想她说些什么。大概还是过去说的那些话：“妈妈，别生气。他还小嘛，不懂事啊，能要他怎样呢？他一个人在这里，连个伴儿也没有。干吗要骂他，干吗要吓唬一个小孩子呢？”

毫无疑问，奶奶对她的话是这样回答的：“你别来教训我。你自己生一个试试看，到时候你就知道，该要孩子怎样了。他整天待在山上干什么？看看牛犊都没有时间啦？在山上张望什么？张望他那不正经的爹娘？张望那两个生了他就各奔东西的混账家伙？你倒是好，干脆一个也不生……”

甚至在这样远的距离，孩子在望远镜里都能看到，别盖伊姨妈那凹下去的两颊气得煞白，浑身都在哆嗦；他知道姨妈会怎样回敬她，果然，她冲着继母的脸嚷了起来："你自己又怎样，老妖婆？你生了几个儿子、几个女儿？你算什么东西？"

这一下就不得了啦！奶奶气得嗥嗥直叫。古莉查玛过来拉架、劝解，抱住奶奶，想把她拉回家去，可是她更来劲了，像个疯子一样地满院子乱蹦乱窜。别盖伊姨妈抓起热气腾腾的茶炊，几乎是跑着朝房里走去，一路上茶炊里的开水直往外泼。奶奶有气无力地坐到一根木头上，放声大哭，怨自己命苦。这会儿把孩子忘掉了，这会儿连老天爷和整个人世间都被她骂上了："我呀！你问我算什么？"奶奶冲着姨妈的背后吼道。"要不是老天爷害我，要不是老天爷收走我的五个娃子，要不是我那独独一个儿子在十八岁上打仗死了，要不是我那再好不过的老头子泰加拉跟着羊群在大风雪里冻死，我会来到这里，跟你们这些看林子的过起来？难道我像你那样不会生孩子吗？要不是我命苦，到老来会跟你爹，跟傻头傻脑的莫蒙过起日子？该死的老天爷，我犯了什么罪，你这样惩治我啊？"

孩子拿开望远镜，伤心地垂下了头。

"现在咱们怎样回家去呢？"他小声对书包说，"这都怪我，怪浑蛋小牛。还要怪你，望远镜。你总是引着我来看白轮船。你也有错儿。"

孩子朝四周望了望。四面都是山，到处是悬崖峭壁、乱石、森林。一道道闪闪发光的小溪，从高处的冰川上无声地落下，只是来到这下面，流水好像才终于学会了说话，为的是到了河里就永远吵个不歇。群山啊,是那样雄伟,那样巍峨。孩子此时此刻感到自己太小、太孤单,感到无依无靠。只有他和山,山,山,到处是高山。

太阳已经西斜,渐渐朝湖的方向落去。已经不怎么热了。向东的山坡上出现了短短的阴影。这会儿太阳就要越落越低,阴影就要朝下,朝山脚爬去了。每天这个时候,伊塞克湖上都要出现白轮船的。

孩子用望远镜尽量朝最远处望去。他屏住了气:是它!他顿时什么都忘了。前方,在伊塞克湖湛蓝湛蓝的边缘上,出现了白轮船。来了!就是它!成排的烟囱。白轮船又长、又威武、又漂亮。行驶起来,就像滑行在琴弦上似的,又直又平稳。孩子赶紧用衣襟擦净了玻璃,又一次调好了焦距。轮船的轮廓更清楚了。现在可以看出,轮船在波浪中微微颠簸着,船尾后面拖着一条明晃晃的、泡沫翻滚的长带。孩子目不转睛地欣赏着白轮船。要是能依他的心愿,他一定央求白轮船开近些,让他看看船上的人。可是白轮船不知道这一点。白轮船慢慢地、十分气派地只管走自己的路,不知从何处而来,不知向何处而去。白轮船在湖上行驶,很长时间都能看得到;孩子也要想很长时间,他想的是他怎样变成鱼,顺着河游去找白轮船……

有一次,那是他第一次在卡拉乌尔山上看到蓝色的伊塞克湖上的白轮船,看到如此美丽的景象,他的心扑通扑通地跳将起来,他一下子就断定,他的爸爸(他的爸爸是伊塞克湖上的水手)就在这条白轮船上。他相信这一点,因为他非常希望是这样的。

他既不记得爸爸,也不记得妈妈。他一次也没有见过他们。

他们谁也没有来看过他。但是孩子知道:他的爸爸在伊塞克湖上当水手,他的妈妈同爸爸离婚以后,将儿子留给爷爷,自己到城里去了。一去就再没有回来。她去的那个城市很远,要过许多山,山过去是湖,湖过去还要过许多山。

爷爷有一次到那个城市去卖土豆。去了整整有一个星期。回来后,在吃茶的时候对别盖伊姨妈和奶奶说,他看到了女儿,也就是这孩子的妈妈。她在一个大工厂里做织布工。她有了新家庭,有两个女儿,她将她们送进了幼儿园,一星期只能见一次面。她住的是一座大楼,但是只住了其中很小的一间,小得没有地方转身。在院子里谁也不认识谁,就像在市场上一样。回到自己房里,马上将门一关,——大家都是这样过日子。天天关起门来坐着,像坐牢一样。她的丈夫好像是个司机,在大街上开公共汽车接送行人。早上四点钟就出去,很晚才回家。活儿也不轻。老人家说,女儿老是哭,求他多多担待。他们在等待分配新房子。什么时候能分到,还不知道。但是,一旦分到了,要是丈夫答应的话,她就把儿子接去。她请他老人家暂时再等一等。爷爷劝她不要难过。最要紧的是,要跟丈夫过得和睦,别的事情都好说。至于儿子,更不用挂心。"只要我活着,这孩子我谁也不给;等我死了,自有苍天指引他,一个活人总会找到路走的……"别盖伊姨妈和奶奶一面听爷爷讲,一面不住地叹气,甚至还一起哭过一阵子。

也就是在那一次喝茶的时候,他们也谈到了他的爸爸。爷爷听人家说,他从前的女婿,也就是这孩子的爸爸,好像还是在一条轮船上当水手,好像也有了新家庭,有了孩子,不知是两个,还是三个。就住在码头旁边。好像他已经戒酒了。他的新妻子每次都要带着孩子到码头上迎接他。“这么说，”孩子想，“他们接的就是他的这条船了……”

轮船前进着，渐渐远去。它那长长的白色身躯在蓝色的湖面上悠悠地行进着，烟囱里吐着青烟，并不知道有个孩子变成孩儿鱼正朝它游去。

他希望变成这样的鱼：身上一切全是鱼的——鱼身子，鱼尾巴，鱼翅膀，鱼鳞，——只有头还是自己的，让又大又圆的头长在细细的脖子上，还让头上长两只招风耳朵和带一道道伤痕的鼻子。眼睛也要像原来的。当然，像是像，但不能完全跟现在一样，要眼睛看东西能够跟鱼眼睛一样。这孩子的睫毛就像小牛的睫毛那样长，长长的睫毛不知为什么总是忽闪忽闪的。古莉查玛说：要是她的女儿有这样的睫毛，长大了会是一个多么漂亮的姑娘啊！为什么一定要成为漂亮姑娘或者漂亮小伙子呢？他才不稀罕呢！他觉得漂亮的眼睛毫无用处，他要的是能够在水下看东西的眼睛。

应当是在爷爷修的水池里变。摇身一变，他就是鱼了。然后他一下子从水池里蹦到河里，钻进汹涌的激流，顺流而下。然后就一面游，一面不时地蹦到水面上朝两边看看，因为老在水底下游也没有意思。他顺着湍急的河水往下去，擦过高高的红黏土陡岸，随着激浪，越过石滩，经过山边和林边。他跟自己的石头伙伴们告别：“再见了，‘睡骆驼’；再见，‘狼’；再见，‘马鞍’；再见，‘坦克’。”等他游到护林所旁边，他要跳出水面，向爷爷摆摆鱼翅打个招呼：“再见，爷爷，我很快就要回来的。”爷爷看到这样的稀奇事儿简直惊呆了，不知道怎样才好。还有奶奶，还有别盖伊姨妈，还有古莉查玛和她的小女孩，一齐都张大了嘴巴站着。哪里见过这样的怪事：头是人头，身子却是鱼身！他也朝她们摆摆鱼翅："再见了，我要去伊塞克湖，到白轮船上找我那当水手的爸爸去。"巴尔捷克大概会顺着河岸跑的。狗也从来没见过这种事情。狗要是胆敢跑到水里来跟他，他就喊："不行，巴尔捷克，不行！你会淹死的！"然后他又继续往前游。他从吊桥的铁索下面钻过，又擦过岸边的河柳丛，然后就顺着水声隆隆的峡谷一路向下，一直进入伊塞克湖。

伊塞克湖像大海一样辽阔。他在伊塞克湖的波浪里游着，过了一浪又是一浪，过了一浪又是一浪，终于来到白轮船跟前。"你好，白轮船，我来了！"他对白轮船说，"天天拿望远镜望你的就是我。"船上的人都感到十分吃惊，一齐跑过来看这件稀奇事儿。这时他对当水手的爸爸说："爸爸，你好，我是你儿子。我是来找你的。""你算什么儿子？你是半人半鱼！""你快把我拉上船，我就变成人形了。""妙极了！好吧，咱们就来试试看。"

爸爸撒下渔网，从水里将他捞上去，放到甲板上。他一下子就恢复了原形。然后……然后……

然后白轮船继续往前开。他就把自己知道的一切，把自己的全部生活都讲给爸爸听。讲讲他那里的山，讲讲那些石头，讲讲那条河和山林，讲讲爷爷修的水池，他就是在那里学游水的，学着像鱼一样睁着眼睛游……

当然，他要对爸爸讲讲他在莫蒙爷爷家过得怎样。要爸爸别因为人家喊他"快腿莫蒙"就以为他不好。这样的爷爷到哪里都找不到，这可是最好的爷爷。但是他不会耍滑，就因为这样，大家都取笑他。奥罗兹库尔姨父还常常骂他老人家。有时当着很多人的面骂爷爷。爷爷不但不还嘴，而且一切都不放在心上，甚至还替他干森林里的活儿，干家里的活儿。还不光是干活儿呢！每次奥罗兹库尔姨父喝得醉醺醺地骑着马回来，爷爷不但不当面朝他狠狠地吐几口唾沫，反而跑上去迎他，扶他下马，将他搀进屋里，让他躺到床上，给他盖上皮袄，生怕他着凉，生怕他头疼；然后去解下马鞍，将马刷一刷，喂一喂。这都是因为别盖伊姨妈不会生孩子。为什么要这样呢，爸爸？顶好是这样：想生就生，不想生就拉倒。奥罗兹库尔姨父一打起别盖伊姨妈，爷爷才可怜呢。他比自己挨打都难受。别盖伊姨妈一喊叫，爷爷心里就像刀戳一样。可是，他又能怎样呢？他想跑去帮女儿说话，奶奶却不叫他去，她说："别多管闲事，由他们自己去。干你老头子什么事？又不是你的老婆。你就好好待着吧。""她是我的女儿呀！"奶奶就说："要不是门挨门地住在一起，要是离得很远，那你又怎么办？每次打架，你都骑着马跑去拉架？要是那样，谁还要你女儿做老婆？"

我说的奶奶，可不是原来的那个奶奶。爸爸，你大概不认识她。这是另外一个奶奶。我还很小的时候，亲奶奶就死了。后来就来了这个奶奶。我们这里的天气总是叫人摸不透：一会儿晴，一会儿阴，一会儿又是雨又是冰雹。这个奶奶就是这样的，叫人摸不透。有时很和气，有时很凶，有时一点不像个奶奶。一发起脾气，简直要吃人。我和爷爷就不吭声。她说，不管怎样给外人吃，给外人喝，别想得什么好处。爸爸，我可不能算外人。我是一直跟爷爷在一起的。她才是外人呢。她是后来到我们家来的。

她倒喊起我外人来了。

冬天，我们那里的雪齐我脖子深。一个一个的雪堆才高哩！要是到森林里去，只有骑着大灰马阿拉巴什才行，大灰马能用胸膛拨开雪堆。我们那里的风也很厉害，叫你站都站不住。湖上起浪的时候，你的轮船东倒西歪的时候，不用问，那就是我们圣塔什的风到湖上发威来了。爷爷说，很久很久以前，敌人的军队前来侵夺这块土地。这时候我们的圣塔什河谷起了大风，刮得敌人坐不住马鞍。敌人都下了马，但是步行也不行。风沙打得他们满脸是血。他们就转过身去避风，风就在背后赶他们，不叫他们立定脚跟，把他们一个不留地全都从伊塞克湖边赶走了。这风就是这样厉害。我们就住在这样的风口里！风就是从我们那里刮起的。整个冬天，河那边的森林叫风吹得咔咔嚓嚓、呼呼啦啦直响，呜呜地直叫。真叫人害怕。

冬天，森林里事情不怎么多。我们那里到了冬天简直就没有人，不像夏天放牧的人来时那样热闹。夏天，我很喜欢那些放牧的人带着羊群或马群在大草甸子上过夜。不错，天一亮他们就要进山去的，但是，跟他们待一会儿还是很有意思的。他们的孩子和女人们都是坐卡车来的。他们还用卡车运来帐篷和各种各样的东西。等他们稍微安顿下来，我就和爷爷去看他们，跟所有的人握手问好。我也跟他们握手。爷爷说，年纪小的人总是要先向人伸手。要是不伸手，那就是不尊敬人。爷爷又说，七个人当中，就可能有一个人是先知。先知就是非常善良、非常聪明的人。谁跟他握过手，谁就会一辈子都有福气。我就说：要是这样的话，那这个先知为什么不说他是先知，让我们大家都去跟他握手呢？爷爷笑了，他说：问题就在于，先知不知道自己是先知，——他是普通人嘛。只有强盗才知道自己是强盗。这话我不完全懂，但我总是向人家问好，虽然我常常觉得有点不好意思。

我跟爷爷到草甸子上去，是不觉得拘束的。

“欢迎你们到祖先夏牧的地方来放牧！牲口和人都平安吗？孩子们都平安吗？”这是爷爷说的。我就光是握握手。大家都认识爷爷，爷爷也认识大家。爷爷很高兴。他要说的话很多，他向外来的人问长问短，自己也讲讲我们这里的事情。我跟孩子们在一起，就不知道说什么好了。但是，过一会儿我们就玩起捉迷藏，又学打仗，玩得非常带劲儿，简直不想走了。要是永远是夏天，要是天天能跟孩子们一块儿在草甸子上玩，那该有多好啊！

我们玩的时候，火堆一直是烧着的。爸爸，你以为，有了火堆，草甸子就完全亮了吧？才不是这样呢！只有火堆旁边是亮的，在一圈亮光以外比原来还黑。我们学打仗，就在这黑地里躲藏和进攻，就跟电影里一样。如果你是指挥员，大家就都听你的。指挥员指挥打仗一定是很有意思的……

过一会儿，月亮出山了。在月亮地里玩起来更有意思，可是爷爷要带我走了。我们回家的路上，走过草甸子，穿过树棵子。一群群的羊静静地躺着。一匹匹的马在旁边吃草。我们走着，听到有人唱起歌来。是一个年轻的牧人，也许是个老牧人了。爷爷要我站住：“听听吧。这样的歌是不容易听到的。”我们就站着听起来。爷爷连声说好，随着歌声不住地点头。

爷爷说，古时候有一个可汗捉住了另一个可汗。这个可汗对被捉的那个可汗说：“要么你就活着给我当奴隶；要么我来满足你最迫切的一桩心愿，然后就把你杀死。”那个可汗想了想，回答说：“我不愿活着当奴隶。你还是杀死我好。但是，在杀我之前，到我的祖国随便叫一个牧人来。”“你叫一个牧人来干什么？”“我要在临死前，听听他唱歌。”爷爷说：有些人为了听一支家乡的歌，命都可以不要。这究竟是一些什么样的人啊，能见到他们就好了。大概，他们住在大城市里吧？

“真好听啊！”爷爷小声说，“天啊，过去的歌真好啊！……”

不知为什么，我心疼起爷爷来，而且我那样喜欢他，真想哭出来……

清早，草甸子上就一个人也不见了。牧人把羊和马赶远了，赶到山里去了，要到山里过一个夏天。随后，另外一些农庄又来了另外一些放牧的人。要是白天，就不停留，只是路过。要是晚上，就停在草甸子上过夜。我就和爷爷去向他们问好。爷爷十分喜欢向人家问好，我也学会了。也许，有那么一天，我会在草甸子上跟真正的先知握到手的……

冬天，奥罗兹库尔姨父和别盖伊姨妈常到城里去找医生。听人说，医生很有本事，给药吃，就能生孩子。但奶奶总是说，最好到圣地去。圣地在山外一处什么地方，那地方田野上是长棉花的。就是说，那是块平坦的地方，平坦得好像不应该有山似的，可是那里就有一座圣山——苏来曼山。如果在山脚下杀一头黑羊来祭真主，进山时一步一鞠躬，边走边祷告，诚心诚意哀求真主，真主就会大发慈悲，给一个小孩。别盖伊姨妈很想到苏来曼山去。可是奥罗兹库尔姨父不大愿意去。太远了。他说：“花钱太多了。到那里去，要坐飞机翻过很多山。去坐飞机之前，还有很多路要走,也要花钱……”

他们一到城里去,我们护林所就更冷清了。只剩下我们和我们的邻居——谢大赫玛特叔叔、他的老婆古莉查玛和他们的小女孩。就我们这几个人。

晚上,事情做完后,爷爷就给我讲故事。我知道,这时候外面是漆黑漆黑、冰冷冰冷的夜。风刮得很凶。连最大的山在这样的夜里也胆小起来,挤成一堆,拼命朝我们的房子、朝窗户里的灯光跟前靠。这叫我又害怕又高兴。我要是一个巨人,我一定要穿上巨人的皮袄,走出房去。我要大声对山说:“山,胆子别那样小!有我在这里。就让风大,就让天黑,就让雪猛,我一点都不怕,你们也不要怕。快站回原地方,别挤成一堆。”然后我就踩着雪,蹚过河,到森林里去。夜晚树木在森林里是感到很害怕的。树木很冷清,没有人跟它们说话。光秃秃的树木冻得瑟瑟发抖,没地方好躲藏。我要到森林里去,拍拍每一棵树的树身子,叫树别这样害怕。大概,那些到春天不发绿的树就是吓死了。然后,我们就砍掉这种枯树当柴烧。

爷爷给我讲故事的时候,我就想着这一切。他往往要讲很长时间。有各种各样的故事。有十分好笑的。有一个故事特别好笑。说的是,有一个叫奇巴拉克的像小指头大的小孩子,贪嘴的狼将他吞到肚里,狼就倒了霉。噢,先是骆驼把他吞到肚里的。奇巴拉克在一片树叶底下睡觉,骆驼在旁边转悠,嘴一张,就把他和树叶一起吃到肚里。所以大家都说:骆驼不知道自己吃的是什么。奇巴拉克就呼救,喊了起来。老人们为了救出奇巴拉克,只好杀掉了骆驼。狼的事就更热闹了。狼因为太蠢,也把奇巴拉克吞到肚里。后来就哭也来不及了。是这样的:有一天,狼碰到奇巴拉克,说:“什么小虫儿,在这里碍事绊脚的?我一下子就把你吃掉。”奇巴拉克说:“狼,你别碰我,要不然我会叫你变成狗的。”“哈哈哈,”狼大笑起来,“哪里见过狼变狗的?你还犟嘴,我吃了你。”说完就把奇巴拉克一口吞下。吞下后,就忘记了。但是从这一天起,狼就打不成食儿了。只要狼一开始偷偷摸摸地朝羊群跟前靠,奇巴拉克就在它肚子里喊:“喂,放羊的,别睡啦!我大灰狼偷羊来了!”狼不知怎样才好。就咬自己的腰,在地上打滚儿。可是奇巴拉克还是不肯放过它。“放羊的,到这里来,快打我,狠狠地打!”放羊的人拿着木棒赶来,狼就跑。放羊的人撵着,心里稀奇起来:这大灰狼疯啦,自己在跑,自己却又在喊:“快来追我!”大灰狼这时候也就撒开腿跑掉了。跑是跑掉了,可是日子还是不好过。不管到哪里,奇巴拉克都不放过它。到处有人撵它,到处有人笑它。狼饿瘦了,瘦得皮包骨头。牙齿抖得咯咯响,嗥嗥地直叫:“我受的是什么罪呀?为什么我要自找倒霉呀?我真是老糊涂了呀,昏了头呀!”奇巴拉克故意逗它说:“到塔什玛特家里去吧,他家的羊才肥哩!”“到巴伊玛特家里去吧,他家的狗是聋的。”“到艾尔玛特家里去吧,他们家放羊的全都睡啦。”可是狼一动也不动,呜呜地哭了起来:“我哪里也不去了,还是到随便哪一家去当条狗好些……”

爸爸,这个故事很好笑,是吗?爷爷还有一些别的故事,有叫人听了发愁的,有叫人害怕的,有叫人伤心的。但我最喜欢的是长角鹿妈妈的故事。

爷爷说,伊塞克湖边的人都应该知道这个故事。不知道,就是罪过。爸爸,你也许知道这个故事吧?爷爷说,故事里说到的事全是真的。从前曾有过这样的事。爷爷说,我们都是长角鹿妈妈的孩子。我是,你是,大家都是……

我们就是这样过冬天的。冬天很长很长。要是没有爷爷讲故事,到冬天是很乏味的。

一到春天,我们这里就好了。等天气完全暖和起来,放牧的人又要进山来了。到那时候,我们山里就不冷清了。不过,在河那边,在离我们远些的地方,一个人都没有。那边只有森林和森林中的野物。我们住在护林所,就是为了不让人随便进森林,不让任何人动一根树枝。我们这里也来过有学问的人。那是两个穿长裤的女人、一个小老头儿,还有一个年轻小伙子。那个小伙子是跟他们学习的。他们待了整整一个月。搜集野草、树叶和小枝儿。他们说,像我们圣塔什山林这样的森林,在地球上已经很少了。可以说,差不多没有了。所以,应当爱护森林里的每一棵树。

我觉得,爷爷对每一棵树都心疼极了。他很不喜欢奥罗兹库尔姨父拿松木送人……

三

白轮船渐渐远了。轮船的烟囱在望远镜里已经看不清了。轮船很快就要看不见了。现在孩子该给随爸爸轮船航行的故事想出个结尾了。一切都想得很好,就是结尾老是想不出来。他可以毫不费事地想象出他怎样变成鱼,怎样顺着河向湖里游去,怎样遇到白轮船,怎样同爸爸见面。也能想象出他要对爸爸讲的一切。但再往下,事情就难了。因为,如果再往下,就要看到岸了。轮船就要渐渐靠近码头。水手们准备登岸。他们就要各自回家。爸爸也要回家。妻子和两个孩子要在码头上等他。这可怎么办呢?跟爸爸走?爸爸肯带他吗?要是带他,妻子就要问:“这是哪一个?从哪里来的?他来干什么?”不行,还是不能跟爸爸走……

白轮船越走越远,渐渐变成一个隐隐约约的小白点儿。太阳眼看着就要落到水面上。在望远镜里可以看到,紫红色的湖面正闪着耀眼的光芒。

轮船走了，不见了。白轮船的故事到此结束。该回家了。

孩子拿起地上的书包，将望远镜夹在腋下，快步下山，曲里拐弯地在山坡上跑着。离家越近，心里越感到慌张。小牛嚼烂了衣服，是要找他算账的。一顿打骂是逃不掉的。为了给自己打气，他对书包说："你别怕。就让把咱们骂一顿好啦。我又不是故意的。我只是没想到小牛会跑走。就算我挨几巴掌，我不在乎。要是把你摔在地上，你也不用害怕。你是摔不碎的，你是书包嘛。不过，要是望远镜落到奶奶手里，那就不好办了。咱们先把望远镜藏到棚子里，然后再回家……"

他就是这样干的。他真怕进家门啊。

家里却是一片寂静，静得叫人提心吊胆。院子里静悄悄的，一个人都没有，好像人都离开了这块地方。原来，别盖伊姨妈又被她男人打了一顿。爷爷又去劝说过大发脾气的女婿，老人家少不了又是哀告，又是恳求，又是拉奥罗兹库尔的拳头。又看到女儿被打得遍体鳞伤、蓬头散发、号啕大哭的整个受辱场面；又听到人家当着他这个亲爹的面用最肮脏的话骂他的女儿；听到人家骂她是不生崽子的母狗、是不产驹儿的该死的母驴，还听到各种各样的别的一些下流话。少不了又听到女儿不要命地、发疯似的叫喊，诅咒自己的命运："老天爷不叫我怀胎，难道是我的错？世上有多少女人就像绵羊那样，生起来没完没了，可是老天爷偏偏就和我过不去。为什么啊？我为什么要过这种日子？你还是打死我吧，你这没良心的东西！来，打吧，打吧！……"

莫蒙老汉十分痛心地坐在角落里，闭着眼睛，还在喘着粗气，两只手搁在膝盖上，不住地哆嗦着。他的脸煞白煞白的。

莫蒙朝外孙望了一眼，什么也没有说，又无精打采地将眼睛合上。奶奶不在家。她到别盖伊姨妈家里去了，去劝他们别吵别闹，帮他们整理东西，收拾打碎的碗碟。奶奶就是这样的：奥罗兹库尔打老婆的时候，奶奶不去过问，也不叫爷爷去管。打过了以后她才去劝，去说宽心话。能这样，就算不错了。

孩子最可怜爷爷。在这样的日子里，老人家每次都好像差点儿要死去似的。他像呆了一样，坐在角落里，不愿意见人。他心里想的是什么，对任何人都不说。在这种时候，莫蒙想的是，他已经老了，他想，他有过一个儿子的，可是儿子打仗死了。现在已经谁也不晓得、谁也不记得他的儿子了。要是儿子还在的话，也许，他的命里不会有这么多的磨难了。莫蒙还想念一直跟他相依为命的他那去世的老伴儿。但最大的不幸还是两个女儿命里没有福。小女儿将外孙丢给了他，自己跑到城里去，如今一家人挤在一个小小的房间里。大女儿就在这里跟着奥罗兹库尔，受尽了折腾。虽然有他老人家在她跟前，虽然他为了女儿什么都忍受着，可是一年又一年，她总是享不到当妈妈的幸福……她跟奥罗兹库尔已经有很多年了。她跟他在一起，实在过够了，可是，她又能往哪里去呢？……他已经老了，说不准哪一天会死掉，到那时候，这个已经够不幸的女儿又会怎样啊？

孩子匆匆忙忙喝了一碗酸牛奶，吃了一块饼子，就靠着窗子悄悄地坐了下来。他没有点灯，不愿惊动爷爷，让他尽管坐着，尽管去想吧。

孩子也在想自己的心事。他不懂，别盖伊姨妈为什么要拿烧酒去讨好丈夫。换来的是一顿拳头，可是，过后她又是一瓶……

唉，别盖伊姨妈呀，别盖伊姨妈！有多少次丈夫把她打得半死，但她总是原谅他。爷爷也总是原谅他。为什么要原谅他呢？不应该原谅这样的人。他是一个很坏、很没有良心的人。这里才不稀罕他呢。没有他，我们照样能过。

他气坏了，他那天真的头脑活灵活现地想象出一幅公正地惩治恶人的画面：他们一齐扑向奥罗兹库尔，将这个又肥、又大、又肮脏的家伙拖到河边。然后，就来晃他，趁势把他扔到河中心。他便向别盖伊姨妈和爷爷求饶。因为他是不会变成鱼的……

孩子觉得痛快些了。他甚至觉得很好笑，因为他在想象中看到了奥罗兹库尔在河里挣扎的样子，还看到他那绒布帽子在旁边漂着。

但伤心的是，孩子认为公正合理的做法，大人们却不照着去做。他们的一切做法都和这相反。奥罗兹库尔每次喝了酒回到家来，他们还是像没有事儿一样去迎接他。爷爷去牵马，别盖伊姨妈去烧茶炊。大家都像专门恭候他似的。可是他也就更放肆起来。先是唉声叹气，哭了起来，说：真没道理，每个人都有孩子，连那些顶不中用、顶窝囊的人都有孩子，要多少有多少。五个、十个都行。他奥罗兹库尔什么地方比别人差？他什么地方不行？是他的官儿不大？谢天谢地，他总是护林所所长，也算可以啦！难道他是什么流浪汉？就是茨冈人，也要生茨冈娃娃，娃娃成群成群的。难道他是什么小人物，没有人瞧得起他？谁都瞧得起他。他比谁都强。他有高头大马，手里有鞭子，人们见了他都恭恭敬敬的。那么，那些年纪跟他不相上下的人都在给自己的孩子办喜事了，他怎么连个儿子都没有呢？没有儿子，没有后代，他算什么人啊？

别盖伊姨妈也要哭，还要拼命忙活，想方设法讨丈夫喜欢。她拿出藏好的酒，自己也陪他喝两杯。奥罗兹库尔越喝越来劲，过一阵子，就一下子发作起来，将自己的愤恨一齐发泄到老婆身上。但她还是原谅他。爷爷也原谅他。谁也不把奥罗兹库尔捆起来。第二天早晨，他酒醒过来，老婆虽然满身青紫，可是茶已经烧好了。爷爷已经让马吃饱了燕麦，备好了马鞍。奥罗兹库尔喝足了茶，朝马上一坐，——他又是头头儿，又是整个圣塔什森林的当家人了。谁都不会想到，像奥罗兹库尔这样的人，早该扔到河里去了……

天已经黑了。夜晚已经来临。

孩子得到新书包的这一天，就这样结束了。

睡觉的时候，他还没有想好把书包放到什么地方。末了，他把书包放在自己的枕头旁边。孩子这时还不知道，到以后才知道，班里几乎一半的孩子都将有跟这一模一样的书包。知道了，他也不会败兴的，他的书包照样是一个很不平常、一个顶了不起的书包。他当时也还不知道，在他的小小生活道路上他将遇到一些新的大事；还不知道，将来会有一天，在整个人世上，他竟找不到一个靠得住的人，能跟他在一起的只有书包。而这一切，全因为他有一个心爱的关于长角鹿妈妈的故事……

这一天晚上，他很想再听一遍这个故事。莫蒙老汉自己也很喜欢这个故事，他每次讲这个故事，都好像亲眼看到的一般，而且边讲边叹气、流泪，讲讲停停，想着心事。

没有比你更自由的心意，艾涅塞。

艾涅塞就是这样一条河。

当时有各种不同的民族居住在艾涅塞河畔。他们处境十分险恶，因为他们经常互相作对。很多敌人包围着吉尔吉斯民族。一会儿这边敌人来侵犯，一会儿那边敌人来侵犯，一会儿吉尔吉斯人自己去进攻别人，夺牲口，烧房子，杀人。见人就杀，能杀多少就杀多少，——那时候就是这样的。人不怜惜人，人残杀人。闹得没有人种庄稼、养牲口、打猎。靠抢夺过日子更便当些：闯进来，将人一杀，拿起就走。可是，杀了人，就要用更多的血来偿还，报复就会引起更大的报复。越这样下去，血流得越多。人们都失去了理性。那时候没有谁来帮人和解。谁能出其不意地袭击敌人，将别的民族杀得鸡犬不留，把牲畜和财宝抢劫一空，谁就是最有本事、最了不起的人。

森林里出了一只怪鸟。每天从入夜直到天亮，都在唱、在哭，在树枝上跳来跳去，用人的声音凄惨地叫着：“大祸来啦！大祸来啦！”果然不假，那可怕的一天来了。

那一天，全吉尔吉斯族的人都在艾涅塞河上给自己年老的头人送葬。这位老英雄库利奇当过多年首领，参加过多次征战，在多次战斗中出生入死。身经百战而安然无恙，但他的死期还是到来了。全族的人十分沉痛地哀悼了两天，准备在第三天安葬老英雄的遗骨。依照古老的风俗，为头人送葬时，应当抬着他的尸体从艾涅塞河边的悬崖峭壁上经过，让死者的灵魂可以在高处向母亲河艾涅塞告别。要知道，“艾涅”的意思就是母亲，“塞”就是河道，就是河。让他的灵魂最后唱一遍艾涅塞河的歌：

有没有比你更宽的河流，艾涅塞？
有没有比你更亲的土地，艾涅塞？
有没有比你更深的苦难，艾涅塞？
有没有比你更自由的心意，艾涅塞？

没有比你更宽的河流，艾涅塞，
设有比你更亲的土地，艾涅塞，
没有比你更深的苦难，艾涅塞，
没有比你更自由的心意，艾涅塞。

在安葬的岗头上，在墓穴前，要把老英雄高抬过顶，让他看看天地四方："看看你的河。看看你的天。看看你的地。看看我们这些和你同根生的人。我们都来送你了。安息吧！"要在英雄墓前竖石碑，留给千秋万代作纪念。

在安葬的日子里，全族的帐篷要顺着河岸排成长长的一排，以便每一家都能在家门口向老英雄告别。人们抬着老英雄的遗体从帐篷前经过时，就要把志哀的白旗降到地上，降旗时还要边哭边诉，然后跟上大家一起往前走，走到下一个帐篷跟前，下一个帐篷里的人又是边哭边诉，降志哀的白旗，一路上都是这样，一直送到安葬的岗头上。

那一天早晨，太阳出山的时候，一切都已准备停当。旗杆上挂起了带马尾的军麾，搬出了老英雄作战用的盔甲、盾牌和长矛。老英雄的战马也披好了送葬的马衣。号手们就要吹起战斗的长号，鼓手们就要擂动震天的大鼓，要吹、要擂得森林摇动，群群鸟儿飞上天空并在天空啾啾喳喳地乱转，野兽嗥嗥叫着在森林里乱窜，野草伏到地上，山谷里回声滚滚，群山颤抖。哭灵的女人们松开了头发，准备为老英雄库利奇眼泪汪汪地痛哭一场。骑士们跪下一条腿，准备用强壮的肩膀抬起老英雄的遗体。一切都准备好了，就等着起灵了。而在林边的树上，还拴着九匹待宰的母马、九头待宰的公牛、九十头待宰的羊，那是为葬后丧宴准备的。

这时候，意外的事发生了。艾涅塞河畔的人，彼此之间无论有什么样的深仇大恨，在安葬头人的日子里，是不兴跟人家兴兵打仗的。可是，就有一大帮敌人，拂晓时便悄悄地包围了深深陷在悲痛里的吉尔吉斯人的宿营地，这时一下子从四面埋伏的地方跳了出来。所以谁也来不及上马，谁也来不及拿起武器。一场空前的大血洗开始了。见人就杀，一个不留。敌人打定了主意，要一举消灭勇猛的吉尔吉斯民族。他们把所有的人挨个儿杀死。杀光了，就再也没有人记下这笔血债，再也没有人报仇雪恨，就让时间像流沙一样冲掉往事的痕迹。让一切化为乌有……

一个人从出生到长成需要很长时间，要杀一个人，却只需眨眼工夫。许多人已被杀死，躺在血泊里；许多人为了逃脱敌人的利剑和长矛，跳进河里，就在艾涅塞河的波涛中沉没了。河岸上，悬崖峭壁间，吉尔吉斯人的帐篷熊熊燃烧着，大火延烧数俄里。没有一个人逃脱，没有一个人活下来。一切都被捣毁、烧光。死者的尸体被一齐从悬崖上扔到艾涅塞河里。敌人欢呼："现在这些土地是我们的了！现在这些森林是我们的了！现在这些牲畜是我们的了！"

敌人带着大量的虏获物扬长而去，却没有发觉，有一男一女两个小孩从森林里回来了。他们又淘气，又不听话，一清早就背着大人跑到附近森林里去剥树皮编小篮子。他们玩得起劲，不觉走到密林深处。等他们听到大血洗的厮杀声和呼喊声急忙赶回家时，他们的父母和兄弟姐妹已经不在人世了。两个孩子只落得无亲无故。他们哭着从一处灰堆跑到另一处灰堆，到处看不到一个人。转眼间就成了孤儿。整个人世就剩了他们两个。远处，灰尘滚滚，敌人正把他们在血腥的征战中掠得的马匹和牛羊赶往自己的地盘去。

两个孩子看到马蹄荡起的灰尘，便向前追去。两个孩子一面哭喊，一面跟在凶恶的敌人后面跑。只有孩子才会这样。他们不是躲开杀人凶手，倒是追赶起他们来了。他们只图不孤单，只想赶快离开这块一片血腥的、可怕的地方。男孩和女孩手挽手地跑着朝前追，喊敌人等一等他们，带他们一块儿走。但是，人喊，马嘶，蹄声嘚嘚，人马跑得正欢，哪里听得到他们那微弱的喊声？

男孩和女孩拼命地跑了很久。但总是赶不上。后来他们跌倒在地上。他们不敢朝四面看，不敢动一动。觉得非常可怕。两个孩子紧紧靠在一起，不觉睡着了。

常言说：吉凶难卜孤儿命。这话倒也不假。夜晚平平安安地过去了。野兽没有惊动他们，林中巨怪没有将他们抓走。等他们醒来，已是早晨。阳光明丽。百鸟齐鸣。两个孩子爬起来，又踏着马蹄的印迹走去。沿路他们采些野果和野菜充饥。他们走呀，走呀，到第三天，来到一座山上。朝下一望，只见山下碧绿的大草甸子上正在举行盛大的宴会。数不清有多少帐篷扎在那里，数不清有多少火堆在冒烟，数不清有多少人围着火堆。姑娘们在荡秋千，在唱歌。有一些身强力壮的汉子，为了让大家开心，正像雕一样在转着圈子，在摔跤。这是敌人在庆祝他们的胜利。

男孩和女孩站在山上，不敢朝山下走。但是真想到火堆跟前去。火堆跟前那烤肉味、面包味、野葱气味好香啊。

两个孩子忍不住，还是走下山去。山下的人觉得这两个孩子来得蹊跷，便一齐围了上来。

“你们是什么人？从哪里来的？”

“我们饿了，”男孩和女孩回答说，“给我们点儿吃的吧。”

那些人从他们的口音听出了他们是什么人，一齐乱哄哄地、嗡嗡地叫了起来。他们在争论：是马上杀死这两个没有杀绝的敌人的种子呢，还是将他们带到可汗那里去？有一个好心肠的女人，趁大家七嘴八舌地争论的时候，塞给每个孩子一块烤马肉。他们在被带往可汗那里去的路上，还一直吃着马肉。他们被带进一座高大的帐篷，帐边还站着手执银斧的卫士。整个营地上都在传着一个令人不安的消息：不知从哪里来了两个吉尔吉斯孩子。这是怎么一回事呢？大家都停止了作乐和饮宴，一齐拥到可汗的帐前。这时候，可汗正跟手下的著名将领一起坐在白得像雪一样的毡上，喝着蜂蜜调制的马奶酒，听着颂歌。可汗得知大家为什么拥到帐前，十分震怒：“你们竟敢打扰我的清兴？我们不是把吉尔吉斯族斩尽杀绝了吗？我不是让你们成为艾涅塞河上千秋万代的主人了吗？你们跑来干什么？胆小鬼！你们睁开眼看看，坐在你们面前的是什么人！来啊，麻脸瘸婆婆！”可汗叫道。麻脸瘸婆婆从人群中走了出来，可汗对她说：“把这两个孩子带到密林里去，将他们收拾掉，让吉尔吉斯族从此绝种，干干净净，今后再也无人提起。去吧，麻脸瘸婆婆，照我的命令行事……”

麻脸瘸婆婆一声不响地接受了命令，拉起两个孩子的手就走了出去。他们在森林里走了很久，后来走到艾涅塞河边一处高高的悬崖上。麻脸瘸婆婆在这里让两个孩子站住，要他们并肩站在悬崖边。她在把他们推下悬崖之前，口中念道：

“伟大的艾涅塞河啊！要是把一座山抛到你的深处，山就像一块石头一样沉到河底。要是把一棵百年古松抛下去，松树就像一根小枝儿一样被冲得无影无踪。现在你收下这两颗小小的砂子，收下人类的这两个孩子吧。人间没有他们的存身之地。还用得着我对你说吗，艾涅塞？要是星星都变成人，天空就不够他们住了。要是鱼都变成人，江河和海洋就不够他们住了。还用得着我对你说吗，艾涅塞？把他们收下，把他们带走吧。趁他们年幼，趁他们心地纯洁，趁他们还有孩子的良心，还没有害人的心思、没有做害人的事情，让他们离开这罪恶的世界吧，免得他们遭受人间苦难，也免得他们去坑害别人。收下他们吧，收下他们吧，伟大的艾涅塞……”

男孩和女孩号啕大哭。他们哪里有心思所老婆子的话。站在悬崖上朝下望去，实在可怕。百丈悬崖之下，怒涛滚滚。

“孩子们，你们最后拥抱一下，告告别吧，”麻脸瘸婆婆说。她卷起袖子，为的是推起他们更利索些。她又说：“孩子们，你们别怪我。这是你们命该如此。虽然我现在来干这件违心的事，但也是为了你们好……”

她刚说到这里，一旁传来了说话声：

“等一等，大仁大智的女人，不要杀害无罪的孩子。”

麻脸瘸婆婆回头一看，觉得很奇怪：站在她面前的是一头母鹿。那一双老大老大的眼睛朝她望着，露出责备和忧伤的神情。母鹿一身白色，就像生头胎的妈妈的奶水那样白；肚子上的绒毛是褐色的，很像小骆驼的毛。头上的角美极了，挓挲开来，就像秋天的树枝。乳房又洁净又光润，就像正喂奶的妇女的乳房。

“你是哪一个？你为什么讲人话？”麻脸瘸婆婆问道。

“我是鹿妈妈，”母鹿回答说，“我讲人话，因为别的话你听不懂，也就没法听从我的劝告。”

“你要我怎样呢，鹿妈妈？”

“大仁大智的女人，你把孩子放了吧。我请你把他们交给我。”

“你要他们干什么？”

“人们把我的双生孩子——两头小鹿打死了。我想找孩子来抚养。”

“你想抚养他们吗？”

“是的，大仁大智的女人。”

“可是，你好好想过没有，鹿妈妈？”麻脸瘸婆婆笑了起来，“他们是人的孩子呀。他们长大了，会杀害你的小鹿的。”

“他们长大了，不会杀害我的小鹿，”鹿妈妈回答说，“我将是他们的妈妈，他们将是我的孩子。难道他们会杀害自己的兄弟姐妹吗？”

“哼，这可难说，鹿妈妈，你对人真不了解！”麻脸瘸婆婆摇摇头，“人连森林里的野兽都不如，人害起人来从不手软。我可以把这两个孤儿交给你，让你以后明白我的话是有道理的。不过，这两个孩子即使在你身边，也还是要被人们杀掉的。你何必自讨苦吃呢？”

“我把孩子带到很远的地方去，到了那里，谁也找不到他们。可怜可怜这两个孩子，放了他们吧，大仁大智的女人。我会给他们做个好妈妈的……我的乳房都胀得疼了。我的奶水都往下滴了。我的奶就等孩子们来吃呢。”

“要是这样的话，还有什么说的，”麻脸瘸婆婆想了想，说道，“你就领去吧，你要快点把他们带走。你就把两个孤儿带到你那很远的地方去吧。可是，如果他们在老远的路上死掉，如果有强人把他们杀死，如果今后你这两个人类的孩子恩将仇报，那可要怪你自己。”

鹿妈妈向麻脸瘸婆婆道了谢，便对男孩和女孩说：

“现在我是你们的妈妈，你们是我的孩子了。我把你们带到很远的地方去，那里有很多雪山，雪山上到处是森林，雪山怀抱里有一个叫伊塞克的波浪滚滚的大海。”

男孩和女孩高兴极了，连蹦带跳地跟在长角鹿妈妈后面跑了起来。但是，后来他们就累了，没有劲儿了，可是，路还远得很呢，要从大地的这一边走到那一边。要不是长角鹿妈妈用自己的奶喂他们，到夜里又用自己的身子暖他们，他们早就走不动了。他们走了很久，把他们的故乡艾涅塞越抛越远，但是离新的家乡伊塞克还是远得很。夏去秋来，过了冬天，又是春天，然后又是夏天，又是秋天、冬天，一年又是一年，他们穿过多少茂密的森林、酷热的草原、流动的沙漠，越过多少高山和汹涌奔腾的河流。狼群追赶他们，长角鹿妈妈就把他们驮在背上，带他们避开残忍的野兽。猎人骑马带箭追赶他们，在后面喊："鹿把人的孩子抢跑啦！逮住它！逮住它！"并且在后面不断地放箭。长角鹿妈妈就驮着两个孩子飞跑，带他们逃离那些多余的救护者。鹿妈妈跑得比箭还快，一面跑一面不住地小声说："坐稳些，孩子们，后面有人追赶！"

长角鹿妈妈终于将它这两个孩子带到了伊塞克。他们站在山上，感到十分惊奇。周围是一座座雪山的高峰，在遍布绿色森林的群山怀抱里，是一眼望不到边的波浪滚滚的大海。白色的波浪在蓝色的海面上滚动，风从远方将波浪吹来，又将波浪吹向远方。不知哪里是伊塞克的头，哪里是伊塞克的尾。这一边太阳已经升起，那一边还是夜晚。伊塞克周围有多少山，数也数不清；这些山后面又有多少这样的高山耸立着，谁也不知道。

"这就是你们新的家乡了，"长角鹿妈妈说，"你们就住在这里，种地，打鱼，养牲口。你们就在这里安居乐业，千年万载生活下去。你们还要传宗接代，繁衍子孙。还要让后代不要忘记你们带到这里来的语言，让他们可以畅快地用自己的语言说话和唱歌。人应该怎样生活，你们就怎样生活。我要跟你们，跟你们的子子孙孙永远在一起……"

这样，男孩和女孩，吉尔吉斯族这最后两个人，就以美丽富饶、万世长存的伊塞克湖畔为新的家乡了。

时间过得飞快。男孩长成了健壮的汉子，女孩长成了成熟的女子。于是他们结婚，成为夫妻。长角鹿妈妈也没有离开伊塞克，就住在这里的森林里。

有一天，黎明时候，伊塞克湖上忽然起了风浪，喧腾起来。女的要临盆了，她痛苦地挣扎着。男的害怕了，跑到山崖上，高声喊叫起来：

“鹿妈妈，你在哪里啊？伊塞克在闹腾，你听到没有？你的女儿要生孩子了。鹿妈妈，快来啊，快来帮助我们……”

这时候，远处传来清脆悦耳的叮当声，就像商队的铃声。那声音越来越近。长角鹿妈妈跑来了。它送来一只叫别色克的小孩摇篮，那弯弯的摇把就挂在它的角上。这种别色克是用白桦木做的，摇把上拴一个叮当作响的银铃。至今，这银铃还在伊塞克一带的别色克上响着。妈妈摇着摇篮，银铃叮当响着，好像长角鹿妈妈正从远方跑来，角上挂着白桦木摇篮，匆匆忙忙送摇篮来了……

长角鹿妈妈刚刚应声来到，孩子就生下来了。

“这只别色克是给你们的头生孩子的，”长角鹿妈妈说，“你们要有很多孩子。七个儿子，七个女儿！”

当爸爸的和当妈妈的高兴极了。为了纪念长角鹿妈妈，他们给头生儿子取名为布古拜。布古拜长大成人，娶了基普恰克族的一个美女为妻，于是布古族，也就是长角鹿妈妈族，就繁衍起来了。伊塞克湖畔的布古族成为很大、很强盛的一族。布古人将长角鹿妈妈尊为圣母。布古人的帐篷门口上方都绣有鹿角为标志，这样，很远就可以看出，这帐篷是属于布古族的。布古人每当反击敌人进犯的时候，每当赛马的时候，总是大声呼喊：“布古！”布古人就总是取得胜利。那时候，伊塞克湖畔的森林里，到处奔跑着雪白的长角鹿，它们的美丽，连天上的星星都要羡慕。那都是长角鹿妈妈的子孙。谁也不去碰它们,谁也不去欺负它们。布古人见到鹿,就下马让路。人们总把心爱的美丽姑娘比作美丽的白鹿……

这种情形,一直持续到一个十分富有、十分显赫的布古人去世之前。这个布古人有千千万万头羊、千千万万匹马,周围所有的人都是他手下的牧人。他的儿子们为他举办了盛大的丧宴。他们从四面八方请来最有身份的人士参加宴会。在伊塞克湖畔为客人们扎起了上千顶帐篷。数不清宰了多少牲口,喝了多少马奶酒,上了多少山珍海味。富翁的儿子们神气极了:让人们都知道,父亲死后,儿子们还是多么富有,多么慷慨大方,儿子们又是多么孝敬他,多么隆重地悼念他……(“哎—哎,我的儿子啊,如果炫耀的不是才华,而是金银财宝,那可不好!”)

歌手们骑着死者儿子们赠送的骏马来回驰骋,穿着赠送的貂皮帽和丝绸长袍到处炫耀,争先恐后地歌颂死者和他的后人。

“在太阳下面,哪里有这样幸福的生活、这样排场的丧宴?”一个歌手唱道。

“开天辟地以来,这样的事都不曾见!”另一个唱。

“哪里都不曾见。只有我们这里才这样孝敬父母,这样光宗耀祖,显扬门庭。”第三个唱。

“哎,花言巧语的歌手们啊,你们在这里嚷嚷什么!世界上还没有那样美好的词句,能够将主人的恩惠、将死者的声望恰如其分地赞誉!”第四个唱。

他们就这样日日夜夜在赛歌。(“哎—哎,我的儿子啊,要是歌手比赛捧场,歌手变成歌的死敌,那就坏事!”)

那次有名的丧宴热热闹闹地举办了许多天。富翁那些不可一世的儿子们很想压倒别人，想胜过世界上所有的人，好让自己的声望传遍天下。于是他们想起要在父亲的坟上安放一对鹿角，让大家知道，这是出身于长角鹿妈妈一族的他们的光荣先人的坟墓。（“哎—哎，我的儿子啊儿子，古人说：富了就骄傲，骄傲就放纵。”）

富翁的儿子们一心要用这种闻所未闻的办法来显耀他们的父亲，谁也拦不住他们。他们说干就干。他们派出一些猎人，猎人打到一头鹿，将角劈了下来。鹿角有一俄丈高，就像飞鹰的翅膀。富翁的儿子们很喜欢这对鹿角：每只角上都有十八个杈儿，就是说，这鹿已经十八岁了。好极了！他们就叫人将鹿角安放在坟墓上。

老年人都十分气愤：

“你们凭什么把鹿打死？谁敢动手杀害长角鹿妈妈的后代？”

富翁的儿子们回答他们说：

“这鹿是在我们的地盘上打死的。凡是在我家土地上跑的、爬的、飞的，从苍蝇到骆驼，都是我家的。我们自家的东西，我们自己知道该怎样处置。你们都滚开！”

仆役们用皮鞭抽打老年人，让他们倒骑在马上，侮辱他们，将他们撵走。

这一下就开了头……长角鹿妈妈的后代从此就遭殃了。几乎每个人都要去森林里猎捕白鹿。每个布古人都认为在先人坟上安放鹿角是义不容辞的。于是这种事被认为是孝行，是对亡灵特别尊敬之举。谁没有本事弄到鹿角，谁就觉得不体面。人们开始买卖鹿角，储存鹿角。长角鹿妈妈一族中，出现了以猎取鹿角、靠卖鹿角为生的一些人。（“哎—哎，我的儿子啊，金钱万能的地方，既没有美，也没有善良。”）

伊塞克森林里的鹿面临了大劫大难。人们对它们毫不留情。鹿跑到陡峭的悬崖上，人们也不肯放过它们。人们放出成群的猎狗去追赶它们，将它们赶到埋伏着射手的地方，全部射杀。成群成群的鹿被杀害、被消灭。人们还打赌，看谁能搞到枝杈更多的鹿角。

鹿没有了。山里空荡荡的。不论深夜还是黎明，都不再听到鹿的叫声。不论在森林里还是在川地上，都看不到鹿在吃草，看不到鹿将长角擎在背上飞快地奔跑，看不到鹿像飞鸟似的掠过深谷。很多人生到世上，一生中一次都没有看到过鹿。只听到过有关鹿的故事，再就是还见过坟墓上的鹿角。

长角鹿妈妈又怎样了呢？

长角鹿妈妈很生气，对人们十分恼恨。据说，在鹿被枪弹和猎狗逼得无处存身的时候，在只剩下屈指可数的一些鹿的时候，长角鹿妈妈登上最高的山顶，告别了伊塞克湖，带着仅剩的一些孩子通过一个很大的山口，往别的地方、别的山里去了。

世上的事情往往是这样的。这个故事就是这样的。信不信由你。

长角鹿妈妈临走的时候说，它再也不回来了……

五

山里又是秋天。热闹的夏天过后，一切又在迎接秋天的凄清。四下里已经看不到畜群荡起的灰尘，火堆早已熄灭。牲畜过冬去了。人走了。山里空了。

老鹰零零落落地在天上飞过，难得叫上一声两声。河里的水不那样喧闹了：河水一个夏天跟河槽待够了，此刻落了下去，变浅了。青草不再生长，渐渐枯萎下去。树叶在树枝上待厌了，有些地方已经开始落叶了。

夜间，那些最高的山顶上已经落上一层银色的初雪。拂晓时候，那一座座黑乎乎的高山的山脊都变成了灰白色，好像一只只黑褐色的狐狸都长了白色的后颈。山谷里的风越来越冷，越来越刺骨。不过，天气暂时还是晴朗、干爽的。

护林所对岸的森林很快地进入秋天。火红的秋色有如无烟的野火，从河边向上延烧，烧遍了陡峭的小林地带，直到黑松林的边缘才停止。最鲜艳、最火红、向上爬得最顽强的是杨树林和白桦林:它们一直爬到大森林高处积雪的地方,一直爬到黑压压的松树和云杉王国的边界。

松杉林里一向十分干净,而且像教堂里那样肃穆。只有一棵棵挺立的褐色树干,只有干爽的松脂气味,只有落得遍地都是的棕黄色针叶。只有风在老松树的树梢上悄悄吹过。

可是,今天从清早起,被惊动的寒鸦就在山上叫个不停。一大群哇哇直叫的寒鸦,在松林上空不住地盘旋着。寒鸦是听到斧头声,一齐惊叫起来的,这会儿正争先恐后地嚷着,好像它们在光天化日之下遭了抢劫似的,紧盯着正将砍下的松树朝山下放的那两个人。

砍下的木头是用马拖着走的。奥罗兹库尔走在前面,拉着缰绳。他皱着眉头走着,不住地喘着粗气,就像老牛在耕田;他那斗篷不时地叫树棵子挂住。在他后面,紧紧跟着木头的是莫蒙爷爷。在这样高的地方干活儿,他也感到很吃力,老人家也在呼哧呼哧地喘着气。他手里拿着一根桦木棒,一面走,一面不时地用木棒拨动木头。木头一会儿撞到树桩上,一会儿撞到石头上。每到斜坡上,木头老是想横过来朝下滚。要是那样,那就免不了出事,会砸死人的。

用木棒掌握木头动向的人随时面临着更大的危险。但是,天下事无奇不有:奥罗兹库尔已经有几次吓得撇开马匹,跳了开去,而且每次他看到老头子还冒着生命危险,在斜坡上撑住木头,一直在等着他回到马跟前去拉马缰时,他都觉得损了他的面子。于是,正如俗话说的:要遮自己的羞,就得羞辱别人。

“你想要我的命,是不是?”奥罗兹库尔对丈人大声喝道。

周围一个人也没有，没有人听到，也没有人指摘奥罗兹库尔：哪里见过这样对待老年人的？丈人只是怯生生地说，他自己也可能叫大木头压死的，干什么要这样对他喝叫，好像他是故意这样干似的。

但是，这一来，更把奥罗兹库尔惹火了。

“你算什么东西！”气势汹汹地说。“就算把你砸死，你反正活够了。你怕什么？可是，我要是摔死了，谁肯要你那不开窝儿的女儿？谁用得着这种不生不养、倒霉的婆娘？……”

“孩子，你这个人可真难伺候。你一点不尊敬人。”莫蒙回答说。

奥罗兹库尔甚至停了下来，拿眼睛将老头子打量了一阵。

“像你这样的老家伙早该躺在炉灶跟前，拿炉灰来烤屁股了。可是你现在好歹总还是拿着工资。你的工资从哪里来的？靠我呗！你还要什么样的尊敬？”

“好啦，我是随便说说的。”莫蒙软了下来。

他们就这样走着。又爬上一个山坡，停在坡上休息。马已经浑身是汗，水淋淋的。

寒鸦还是一直没有安静下来，一直在打圈子。黑压压的一大片，嚷得非常起劲儿，好像打定了主意今天是要叫一整天了。

“寒鸦叫，冬天早早到，”莫蒙又开口说。他想讲点别的，让奥罗兹库尔消消气。“这是寒鸦要飞走了。寒鸦不喜欢有人来打扰它们。”他又补上一句，好像是替不懂事的鸟儿表白似的。

“哪一个打扰它们的？”奥罗兹库尔猛地转过头来，脸一下子变得通红。“老头子，你又在胡扯了。”他用严厉的口气低声说。

他心里说："哼，话里有话哩！怎么，就为了你那寒鸦，松树都不能碰，连根树枝都不能动啦？没有这种事！目下在这里还是我当家。"他拿眼睛狠狠瞄了瞄哇哇直叫的鸟群，心里说："嘿，有一挺机枪就好了！"然后，他转过脸，骂了两声娘。

莫蒙一声不吭。他听不惯女婿骂娘。"他又来了，"老人家心里难过地想，"一喝了酒，就凶得不得了。酒醒了，还是一点道理也不讲。人究竟为什么会这样呢？"莫蒙伤起心来，"你对他一片好心，他对你恶意相报。既不觉得有愧，又不肯问问良心。好像就应该这样。总认为自己有理。只要他舒服就行。周围的人都该伺候他。你不愿意，就逼着你干。好在他这种人是在山里，在森林里，他的手下只有这么一两个人。他的官儿要是更大些，那又怎样呢？天啊，可别叫他当大官儿……而且这种人实在多得很。他们什么都能捞到手。你想躲这种人都躲不掉。他到处等着你，到处能找得到你。为了他自己过得自在，他能把你的命折腾掉。可是，他还是有理。是啊，这种人太多了……"

"好啦，歇够了，"奥罗兹库尔打断老人家的思路，"走吧。"他下命令说。

于是他们又往前走。

今天从清早起，奥罗兹库尔心里就不痛快。早晨，本当带上家什过河到对岸森林里来的，莫蒙却忙着送外孙上学去了。这老头子简直发昏了！每天早晨都要备好马，送孩子去上学，然后又要骑马跑去把孩子从学校接回来。天天就为这个没人要的孩子忙活着。说什么，上学不能迟到，简直不得了啦！要是这里有急事，天晓得会是什么样的事，这么说，这些事都是可以放一放的啰？老头子说："我一下子就回来，万一孩子上课迟到了，见了女老师不好意思的。"哼，见了她不好意思！老糊涂！那个女教师又算什么？一件大衣穿上五年。就看到她夹着练习本，提着提包。天天在外面乞讨，什么东西都要向区里要，要起来没完没了，一会儿给学校要煤，一会儿要玻璃，一会儿要粉笔，要不然就是要抹布。真正像样的教师会到这样的学校来吗？大家给这学校取的名字真不错——小家伙学校。她倒真是个小家伙。她有什么用？真正像样的教师都在城市里。学校里玻璃窗明晃晃的。教师都系领带。但那是在城市里呀……城市里有多少首长坐着汽车满街跑！那又是什么样的汽车呀！乌黑、锃亮的汽车，平平稳稳地开过来，你不由得要站下来，气也不敢喘，站得笔直，等着它开过去。可他们城里人就好像没有看到这些汽车似的，忙忙碌碌，来去匆匆，只顾走自己的路。在城市里过日子才真像过日子哩！要是能调到城市里去，在城市里住下来，有多好啊！在城市里，尊敬不尊敬人，全看人的地位。有了地位，就一定受人尊敬。地位越高，越受人尊敬。大家都是文明人。在城市里，不必因为吃几顿饭或者收了什么礼物，就去搞木头或者去做诸如此类的事来还人情。不像在这里，给你五十，至多一百卢布，人家就把木头弄走，还要说你的坏话：奥罗兹库尔受贿啦，这个那个的……真是愚昧无知！

是啊，真该到城市里去……嘿，让这些山、这些森林、这些该死的木头，让不生孩子的老婆，让糊涂老头子和他那当宝贝待的狗崽子，统统见鬼去！嘿，那我就像吃饱了燕麦的马一样，欢蹦起来！我会叫人尊敬我："奥罗兹库尔·巴拉扎诺维奇，您的办公室能进吗?”到了城市里,我要娶个城里女子。为什么不可以呢?比如说,娶个演员,要漂亮的,又会唱,又会跳,手里还拿着麦克风;据说,在她们眼里,顶要紧的是,一个人要有地位。我要挽着这样的美女,自己也要系好领带,一起到电影院去。她的高跟鞋噔噔地响着,浑身香喷喷的。过路人都伸长了鼻子。不用说,孩子也要生一些的。让儿子学法律,叫女儿学钢琴。城里孩子显然不同,城里孩子聪明。在家里说的全是俄语:他们才不会满嘴土话哩。他也要这样来惯养自己的孩子:“好爸爸,好妈妈,我要这样,我要那样……”对自己的孩子,还有什么舍不得的?嘿,他要让很多人都眼红,让大家看看,他是什么人!他哪一点又比别人差?那些在他上面的人,哪一点比他高明?都是一些跟他一样的人嘛。只不过他们走运,他不走运罢咧。怪他没有福气。也得怪他自己。林业人员训练班结业后,该是到城里去,去上技术学校,或者去上大学的。他却沉不住气,一心要弄个差事干干。虽然是个小差事,可总是个差事。这样一来,现在就天天在山里转,天天就像老驴一样拖木头了。还有这些讨厌的寒鸦。叫什么呀,打什么圈子?嘿,有一挺机枪就好了……

奥罗兹库尔心情不好是有原因的。快活的夏天已过,秋天来了,随着夏天的逝去,他到牧羊人和牧马人那里做客的好日子也过去了。正像歌子里唱的:“高山牧场花儿落,又到返回平川时……”

秋天到了。人家抬举他,请他吃喝,他借了债,许了愿,现在都得一一清偿。而且他说过的大话也得兑现:“你要什么?要两根松木做屋梁,就这么一点儿?这有什么好说的!随你什么时候来,现成的!”

过去说了大话，收了礼物，喝了酒，现在就得气喘吁吁，汗流浃背，一面拼命咒骂，一面在山上拖木头。这些木头叫他吃很大的亏。说起来，他这一辈子老是吃亏。忽然他的脑子里闪过一个冒险的念头："我什么都不管，想到哪里，就到哪里去！"但是他马上就明白了，他哪里也去不成，哪里也不要他，谁也不要他，他到哪里也过不到他所盼望的那种日子。

你且离开这里，或者不履行诺言试试看！那些三朋四友准会出卖你。都是一些靠不住的家伙。前年，有一个布古族同胞送他一头羔羊，他答应给一根松木。可是到了秋天，他不愿意上山去弄树。这种事说说倒容易，可是，要爬山，要锯，还要拖下山，你倒试试看！如果是几十年以上的大松树，那就更难对付了。无论给多少黄金，都不愿干这种活儿。那几天莫蒙老汉恰好病了，正躺在床上。一个人是不行的，而且谁也没本事一个人到山里搞木头。一个人砍树，也许能把树砍倒，可是拖不下山……他要是早知道后来出的事情，他会跟谢大赫玛特一起去搞松树的。可是当时奥罗兹库尔懒得爬山，便决定随便弄一棵树把那个同族人应付过去。那人却无论如何不依：要的是真正的松木，非给不可！"羊羔拿到手，就要赖账不成？"奥罗兹库尔也发了脾气，将他撵了出去：不想要，就给我滚蛋！可是，那个小伙子也不是好惹的。他写了一封控告信，控告圣塔什保护林护林员奥罗兹库尔·巴拉扎诺夫，而且在信中添枝加叶，真真假假，把奥罗兹库尔写成一个"社会主义森林的破坏分子"，简直可以枪毙。后来奥罗兹库尔被弄到区里和林业部的各种审查组织去审查了很久。好不容易才解脱了……你瞧，这就是同族人！还要说什么："我们都是长角鹿妈妈的子孙。一人为大家，大家为一人！”这简直是胡扯！为了一个铜子，恨不得互相掐脖子，或者送你进监狱，鹿妈妈又管屁用！那是在古时候，人们相信鹿妈妈。那时候的人愚昧无知到何种程度，真是好笑！现在大家可都是有文化、有知识的人了！谁还相信这种哄小孩子的故事！

自从出了那件事情以后，奥罗兹库尔就发誓：今后来的不论是哪一个，不论是什么样的熟人、同族人，哪怕是长角鹿妈妈嫡亲的孩子，他连一根树枝、一根树条子也不给。

可是，夏天又来了。山里一片碧绿的草甸子上又出现了一顶顶白色的帐篷。羊在欢叫，马在长嘶，河边溪旁炊烟袅袅。阳光明丽，处处花香，处处能闻到令人陶醉的马奶酒香味。来到帐篷旁边，呼吸着清新的空气，坐在碧绿的草地上，跟三朋四友共享马奶酒和鲜嫩的羊肉，真是件乐事！然后再来一杯伏特加，让头脑晕乎乎的。这时候就会觉得自己力大无穷，能够把大树连根拔起，或者将随便哪一座山的山头拧下来……奥罗兹库尔在这样的日子里就往往会忘记自己的誓言。听到人们喊他是大森林的大老板，他更是美滋滋的。于是，他又许愿，又接受礼物……等秋天一到，森林里不一定哪一棵祖宗留下来的古松又要遭殃了。

秋天从收割后的田野悄悄爬到山上，又向四面八方扩散开去。秋风吹过，青草黄了，森林里的树叶红了。

野果熟了。羊羔长大了。羊羔开始分群，公的跟公的在一起，母的跟母的在一起。妇女们将干奶酪收进麻袋准备过冬。男子汉们在商量，要回川地去，该是谁来第一个开路。那些在夏天就跟奥罗兹库尔谈妥了交易的人，在离开之前通知他，要在某日某时开汽车到护林所来装运他答应给的木头。

今天傍晚，就要有一辆带拖车的汽车来装运两根松木。有一根松木已经在山下，已经拖过了河，弄到了汽车要开到的地方。还有一根，就是这一根了，他们正在往下放。奥罗兹库尔此时此刻要是能够把用木头换得的吃喝还出来的话，那他马上就会这样做的，只要能不干这会儿正不得不干着的又苦又累的活儿就行。

唉，住在山里，命真苦啊，他是没办法躲过了：带拖车的汽车今天傍晚就要到了，夜里就要把木头运走。

要是一切能平安无事，倒也罢了。汽车要通过国营农场，就从场部办公室门前经过，别的路是没有的。农场里常常有公安局和国家检察机关的人来，区里来的人就更多了。拉木头的汽车万一被他们发现，他们就要问："这木料是从哪里弄的，弄到哪里去？"

奥罗兹库尔一想到这里，脊梁骨都凉了。他对一切人、一切事恼恨透了。恼恨头顶上哇哇直叫的寒鸦，恼恨倒霉的老头子莫蒙，恼恨能掐会算、三天前就跑到城里去卖土豆的懒家伙谢大赫玛特。他明明知道要到山上拖木头嘛！结果，他却溜走了……他要在市场上办完自己的事，才能回来。要不然，奥罗兹库尔可以叫他跟老头子一块儿来拖木头，用不着自己来受罪了。

可是谢大赫玛特还远得很，寒鸦也没法子去打。在顶没有办法的时候，本来还可以打打老婆，可是要回到家里还得走很久。于是就剩下莫蒙老汉了。奥罗兹库尔气喘吁吁，呼哧呼哧地在山上走着，越走越火，走一步骂一声。他既不心疼马匹，又不心疼走在他后面的老头子，径直地穿过树棵子朝前走。让马死掉好啦，让老头子死掉好啦，他自己也来个心脏病发作，死掉好啦！既然他倒霉，大家都别想有好日子过。让这个世界完蛋好啦！这世界上的一切都安排得不合要求，没有照顾到他奥罗兹库尔的身份和地位。

奥罗兹库尔再也控制不住自己，他牵了马穿过一丛树棵子，径直地下一处陡坡。就让快腿莫蒙跟着木头跳个够吧。他要是撑不住，让他试试看！"我要揍老浑蛋一顿，决不饶他。"——奥罗兹库尔拿定了主意。过去他从来不敢拖着木头下这样危险的斜坡。可是这一次他叫鬼迷住了。莫蒙也来不及制止他，只来得及喊了两声："你朝哪里去？哪里去？站住！"——就看到木头横转了过来，朝下滚去，把树棵子压得一弯一弯的。那木头湿漉漉的，十分沉重。莫蒙想用木棒抵住，不让木头朝下滚，可是木头来势太猛，一下子就把老头子手里的木棒打掉了。

一切都发生在一瞬间。马摔倒了，翻身朝下滚去。马倒的时候将奥罗兹库尔撞倒了。他一面朝下滚，一面慌慌张张地拼命去抓树棵子。就在这时候，在密密的枝丛中，有几只长角的动物惊慌地跳了开去。这几只动物连蹦带跳地跑到桦树林中去了。

"鹿！鹿！"莫蒙爷爷又惊又喜，情不自禁地叫了两声。接着又不作声了，好像还不相信自己的眼睛。

山里也忽然静了下来。寒鸦一下子飞走了。木头压在矮小而结实的桦树棵子上，在斜坡上卡住了。马被挽索绊住，自己站了起来。

衣服被剐得稀烂的奥罗兹库尔爬到了一旁。莫蒙连忙跑去救女婿。

“啊,是圣母长角鹿!是它搭救了咱们!你看到没有?这都是长角鹿妈妈的孩子。咱们的圣母回来啦!你看到没有?”

奥罗兹库尔还不相信,一切已经平安无事地过去了。他满面羞臊,很不高兴地爬了起来,一面拍打身上的尘土,一面说:

“够了,老头子,别胡扯啦!快去把马身上的挽索解开!”

莫蒙顺从地跑去给马解挽索。

“圣母长角鹿啊!”他还在喜不自禁地嘟哝着,“鹿又回到我们的森林里来啦。鹿妈妈没有忘记我们呢!它饶恕我们的罪过了……”

“你还在唠叨?”奥罗兹库尔冲他说。奥罗兹库尔已经不再害怕了,恢复了常态,心里又像先前一样恼恨起来。“又在编你的故事啦?你自己老糊涂了,就以为别人也相信你那些胡诌八扯的玩意儿啦?!”

“我亲眼看到的。那是鹿,”莫蒙爷爷不服气地说,“难道你没有看到吗,孩子?你自己也看到的嘛。”

“嗯,看到的。好像跑过去的是三头……”

“是的,三头。我也觉得好像是这样。”

“那又怎样呢?鹿就是鹿呗。刚才人可是差点儿把命送掉。有什么好开心的?要是鹿的话,那就是从山那边跑过来的。在山那边,就是说,在哈萨克斯坦的森林里,听说还养着鹿。那边也是保护林。可能,鹿也是受保护的东西。鹿来了就来了好啦。干我们什么事?哈萨克斯坦跟我们不相干。”

“鹿也许要住在咱们这里呢?”莫蒙爷爷幻想起来。“能住下来就好了……”

“好啦，扯够了！”奥罗兹库尔打断他的话，“走吧。”

他们还得拖着木头朝下走很久，然后还要用马拖着木头过河。过河也是一件很不容易的事。要是能平安无事地将木头拖过了河，还要再弄到一座小丘跟前，等汽车来这里装运。

唉，要花多少力气啊！……

奥罗兹库尔觉得自己实在倒霉。他觉得周围的一切安排得很没有道理。那些山，全都无知无觉，既没有什么盼头，又没有什么不如意的事，一天到晚就那样待着；森林进入秋天，然后又进入冬天，这都没有什么难的。连寒鸦都够自在的，想怎样飞就怎样飞，想怎样叫就怎样叫。就说鹿，如果真的是鹿的话，那就是从山那边来的，它们在森林里想怎样跑就怎样跑，想往哪里跑就往哪里跑。在城市里，人们无忧无虑地在柏油马路上溜达，坐小汽车，下馆子，天天在寻欢作乐。可是命运偏偏将他抛到这山沟里，他真倒霉……就连这个快腿莫蒙，他的这个没出息的丈人，也比他幸福些，因为他相信故事。他是个稀里糊涂的人。糊涂蛋对生活总是满意的。

奥罗兹库尔对自己的生活是十分痛恨的。这种生活不如他的意。这样的生活该是快腿莫蒙这样的人过的。莫蒙他还要什么呢？他活多久，就弯腰弓背地干多久，天天干，没有休歇。这一辈子没有一个人听他管，他可是要听所有的人管，甚至他的老婆子都管着他，他对她都不敢回嘴。这样的倒霉鬼听听故事就够高兴的了。在森林里看到鹿，快活得连眼泪都流出来啦，就好像遇上了他跑遍世界找了一百年的亲兄弟似的。

唉，有什么好说的！……

他们终于踏上最后一道地界，从这里再走很长的一段陡坡就到河边了。他们停下来休息。

河那边，护林所的院子里，奥罗兹库尔的房子前面有什么东西在冒烟。从冒的烟可以猜出来，那是茶炊。就是说，老婆已经在等他了。奥罗兹库尔想到这里，并不感到痛快。他张大了嘴在喘气，还是感到气闷。胸口作痛，头嗡嗡价响，心扑腾扑腾直跳。额头上的汗水直往眼睛里流。面前还有一段很长很陡的坡要走。在家里等他的是不会生孩子的老婆。哼，她烧茶炊，想讨他喜欢呢……他忽然一时性起，想冲过去朝那只大肚子茶炊踢上一脚，让它见鬼去。然后朝老婆扑过去，打她一顿，朝死里打，打她个头破血流。他仿佛听到老婆在嚎叫，在诅咒自己的苦命，他心里感到舒坦起来。他心想："让她去，让她哭叫去好啦！我不快活，干吗要让她快活？"

他的思路被莫蒙打断了。

"孩子，我简直忘了，"莫蒙猛然想起了外孙，连忙朝奥罗兹库尔走去。"我该到学校去接小孩子了。已经放学了。"

"放学了又怎样呢？"奥罗兹库尔故意不动声色地说。

"孩子，你别生气。咱们把木头放在这里。咱们下去。你回家去吃饭。我趁这个时候骑马到学校去。把孩子接回家。然后咱们再回来把木头拖过河。"

"老头子，你想了很久，才想出这个主意吧？"奥罗兹库尔刻薄地说。

"小孩子要哭的呀。"

"哭又怎么样？"奥罗兹库尔火了。这一下子他有借口可以好好地教训一下老头子了。奥罗兹库尔一天来想方设法找他的碴儿，现在他倒自己送上门来了。“他哭，咱们就可以把事情丢下？早晨，你蒙混人，送他去上学。送去就送去好啦。现在又要到学校去接？那我怎么办？咱们在这里是闹着玩儿的？”

“孩子，别这样，”莫蒙央告说。“今天是这样的日子嘛。我倒没什么，可是小孩子要等，在这样的日子里会哭的……”

“什么这样的日子？这日子有什么特别的？”

“今天鹿回来了。为什么要在这样的日子……”

奥罗兹库尔愣住了，他惊愕得连话都说不出来了。他已经忘记那几头鹿了。当他在扎人的树棵子里滚着，当他吓得魂不附体的时候，仿佛有几头鹿像闪电、像梦幻一样闪过去了。那时从斜坡上朝下滚的木头随时都可能将他砸扁。他才没有心思去理会那几头鹿和老头子的废话哩。

“你把我当成什么啦？”他恶狠狠地冲着老头子的脸低声说，“可惜，你没有胡子，要不然我就扯你的胡子，叫你明白明白别人都不比你蠢。你那几头鹿算个屁！我可不管你这一套。你还是少给我啰唆。放木头去！咱们不把木头拖过河，你什么也休想。谁去上学，谁在那里哭，我才不管。够了，走吧……”

莫蒙像往常一样，又顺从了。他明白，不把木头拖到地点，他是逃不出奥罗兹库尔的掌心的，于是又不声不响地拼命干了起来。他再不说一句话，虽然他心里急得想叫出来。外孙正在学校外面等他呢。孩子们都各自回家了，只有他那孤苦伶仃的外孙一个人在望着大路，等爷爷去接他。

老人家在想象着：孩子们脚步杂沓地一齐从学校里跑了出

来，各自朝家里跑去。孩子们都饿了。他们走在路上，就闻到了为他们烧好的饭菜的香味，于是高高兴兴、活蹦乱跳地从自家的窗前跑过。妈妈已经在家里等着了。每个妈妈都在笑，笑得忘记了一切。妈妈自己开心也好，不开心也好，为自己的孩子笑，总是有足够的力气的。即使妈妈喝叫得严厉些："洗手！瞧你那副脏样子！"——她的眼睛还是照样在笑着。

莫蒙的小外孙自从上学以来，手上总是沾满了墨水。这倒是叫爷爷很喜欢：这就是说，孩子挺用功呢。这会儿，想必他的外孙正站在大路上，那一双小手又是沾满了墨水，还拿着今年夏天买的那个心爱的书包。他大概等累了，已经在不安地瞅着、听着：爷爷是不是骑马来到小山岗上了。爷爷总是按时到的嘛。每次孩子走出学校，爷爷已经赶到了，已经在不远处等着他了。大家各自回家，外孙就朝爷爷跑去。"爷爷来啦。咱们快跑！"孩子对书包说。一跑到爷爷跟前，就羞涩地朝爷爷怀里扑去，抱住爷爷，将脸紧紧地贴到爷爷肚子上，呼吸着那种熟悉的旧衣服和夏天干草的气味：这些天爷爷正在把对岸的干草用马驮过河。一到冬天，雪太深，就难弄了，所以最好秋天就弄过来。因此莫蒙身上老是有苦涩的干草灰土气味。

爷爷让孩子坐到自己身后马背上，他们就一同骑马回家，有时让马一路小跑，有时慢走；他们有时不讲话，有时随便讲一些琐事，不知不觉就要到了。穿过一个山口，一路往下，就到圣塔什河谷了。

孩子一心迷恋着学校，这使奶奶很恼火。他一醒来，就赶紧穿衣服，将书和练习本装进书包。他将书包放在自己身边过夜，也使奶奶很生气："你干吗老是恋着这个讨厌的书包？就让它给你做老婆好啦，省得我们给你找老婆出彩礼……"孩子不理睬奶奶的话，再说，他也不大懂她说的是什么。他认为最要紧的就是上学不能迟到。他跑到院子里，催爷爷快走。只有等学校已在眼前了，他才定下心来。

有一次，他们还是迟到了。那是在上个星期。这一天，刚蒙蒙亮，莫蒙就骑了马到对岸去。他想赶早去驮一趟干草。一切还顺利，可是走在路上，捆草的绳子松开了，干草撒了一地。只得重新捆好，让马重新驮起。可是，刚到河边，仓促捆好的草捆又松散了。

外孙已经在河这边等着了。他站在一块凹凸不平的石头上，摇着书包，在叫，在喊着呢。老人家慌了，绳子也乱了套，纠结在一起，解都解不开。可是孩子还在一个劲儿地喊。老人家知道，孩子已经哭了。于是他把干草和绳子全都扔下，骑上马，急忙从滩上过河，朝外孙这边赶来。

过河也花了不少时间。因为水还不小，水流很急，过河又不能打马快跑。秋天还不怎样可怕，要是夏天，会把马冲翻，那就完了。等莫蒙终于过了河，来到外孙跟前，外孙已经哭得抽抽搭搭的了。他也不望爷爷，只是在哭，嘴里在说："迟到了，上课迟到了……"老人家在马上弯下身，抱起孩子，让孩子贴着自己坐在马鞍上，打马就跑。要是学校就在附近的话，孩子就自己跑去了。可是现在却一路不住地哭着去，而且老人家怎么哄都不行。爷爷就这样领着哭哭啼啼的外孙进了学校。学校里已经上课了。又亲自把他送进课堂。

莫蒙向女教师一再表示歉意，并且保证以后不再有这种事。但是，最使老人家震动的，还是外孙哭得那样伤心，迟到了就那样难过。“但愿这样，永远这样想上学就好了。”爷爷想。不过，这孩子究竟为什么哭得这样伤心呢？这么说，他心里有自己的委屈，说不出的委屈……

这会儿，老人家正跟着木头走，一会儿跑到这边，一会儿跑到那边，有时拿木棒将木头推一推，有时挡一挡，免得木头卡住，让木头快一点下山。老人家一直在想着：外孙在那里怎样了啊？

可是奥罗兹库尔却不急。他不慌不忙地走着。而且在这种地方也不能太着急，坡很长、很陡，要在坡上斜着走才行。但是，难道就不能依他老莫蒙的请求——将木头暂时放一下，过一会儿再来拖吗？嗨，要是有力气的话，他就把木头朝肩上一扛，跨过河去，将木头一下子摔到汽车要来的地方！喂，这是给你们的木头，装走好啦！这样他就可以跑去接外孙了。

可是，哪有这样的事啊！还是得拖着木头经过一堆一堆的石头和沙砾，将木头拖到河边，然后还要用马拖着木头从滩上过河到达对岸。马已经给折腾得够呛了。在山上已经拉了不少路了，一会儿下坡，一会儿上坡……要是一切顺利，倒也罢了；万一木头到了河中心卡在石头堆里，或者马失前蹄，跌倒了，那可怎么办？

他们一下了水，莫蒙爷爷就祷告起来：“长角鹿妈妈，多多保佑，别叫木头卡住，别叫马跌倒！”他脱光了脚，将靴子搭在肩上，将裤腿挽到膝盖以上，手握木棒，紧紧跟随着在水里游动的木头。他们逆着水势斜斜地拖着木头往前走。河里的水清澈透明，但也凉得透骨。秋天的水嘛。

老人家拼命忍着：随它去吧，反正两条腿也断不掉，只要把木头快点拖过河就行。可是，就像故意捣蛋似的，木头还是卡住了，就在石头最多的地方，卡在石头缝里了。在这种情况下，应当让马稍微休息一会儿，然后狠狠地给马加上两鞭，马用猛劲儿一冲，就能把木头从石头缝里拉出来。但是奥罗兹库尔仍然骑在马上，拼命用鞭子抽打已经劳累不堪、精疲力尽的马。马弓起后腿，在原地直蹬直踹，跌跌撞撞，可是木头一动也不动。老人家两腿冻僵了。眼前发黑，头发晕。那陡崖、那崖上的森林、天上的云彩一齐倾倒下来，落到河里，顺着急流漂去，又倒转回来。莫蒙几乎要支持不住了。

该死的木头！木头如果是干的，是放了很久的，那就是另一回事了。干木头会自己浮在水上，只要扶住它就行。这根木头却是刚刚锯下来，就马上拖着过河的。谁能这么干呢？做事心不端，报应在眼前，——果然就应验了。奥罗兹库尔不肯等松木干了再运，因为他怕检察机关万一发现了，就要控告他砍伐森林里的贵重树木。所以，一锯下来，就赶快弄走了事。

奥罗兹库尔拼命用皮靴后跟踢马，用鞭子抽马的头，不住地骂娘，骂老头子，好像这一切全怪他莫蒙，可是木头还是一动不动，在石头缝里越卡越结实。老人家再也忍不住了。他这一辈子头一回愤怒地高声喝叫起来：

“下马！”他毫不含糊地走到奥罗兹库尔跟前，去拉他下马。“你没有看到，马吃不消啦？快下来！”

惊愕的奥罗兹库尔一声不响地听从了。他穿着靴子直接从马上跳到水里。他好像一下子呆了，痴了，失去了知觉。

“来！用劲撬！一齐来！”

在莫蒙指挥下，两个人一齐用木棒撬，想把木头撬起，让木头从石头缝里脱出来。

马是多么机灵的畜生啊！它就在这时朝前猛冲，在石头上拼命地蹬，拼命地踹，将套索拉得像弦一样直。但是木头只是微微动了一动，滑了一下，又卡住了。

马又猛力一冲，但再也支持不住了，一下子倒在水里，四蹄在水里乱蹬乱踹，又被套索缠住了。

“把马扶起来！快！”莫蒙催促奥罗兹库尔说。

他们好不容易把马扶了起来。马冻得浑身打战，在水里勉强站着。

“把套索卸下来！”

“干什么？”

“叫你卸，你就卸好啦。回头咱们再套。快把套索卸下来。”

奥罗兹库尔又一声不响地听从了。等马身上的套索卸下来，莫蒙拉起马缰。

“现在走吧，”他说，“回头咱们再来。让马休息休息。”

“给我站住！”奥罗兹库尔从老头子手里夺过马缰。他好像醒悟过来，一下子又恢复了本相。“你糊弄谁？你哪里也去不成。木头现在就得拖过去。晚上人家要来装的。把马套上，别给我啰唆，听见没有？”

莫蒙一声不响地转过身，一瘸一拐地拖着两条冻僵了的腿，从滩上朝岸边走去。

“往哪里去，老东西？我问你，哪里去？”

“哪里去！哪里去！到学校里去！孩子打中午就在那里等着了。”

“给我回来！回来！”

老人家没有听他的。奥罗兹库尔将马撇在河当中，追了上来，在快到岸边的沙滩上追上了莫蒙，抓住他的肩膀，将他扳回头来。

他们就面对面地站住了。

奥罗兹库尔一把扯下搭在莫蒙肩上的旧油布靴，用靴子劈头盖脸地打起丈人。

“给我走！回去！”奥罗兹库尔声嘶力竭地喊，随手将靴子甩到一边。

老人家走过去，将甩在潮湿沙地上的靴子拾了起来，当他直起腰来的时候，嘴里流出血来。

“坏蛋！”莫蒙一面吐血，一面说。他又将靴子搭在肩上。

这是从来没有顶撞过任何人的快腿莫蒙说的，这是冻得浑身发青、肩搭旧靴、嘴里流血的可怜的老头子说的。

“给我走！”

奥罗兹库尔来拖他。可是莫蒙使劲挣了开来，头也不回，一声不响地走了。

“好啊，老浑蛋，等着瞧吧！看我收拾你！”奥罗兹库尔抡着拳头，在他后面叫着。

老人家头也没有回。他走上“睡骆驼”旁边的小道，坐了下来，穿好靴子，快步朝家里走去。他再不耽搁，径直走进马棚。从马棚里牵出了一向碰不得的、奥罗兹库尔的坐骑大灰马阿拉巴什。平时这匹马谁也不敢骑，而且也不用来拉车，免得搞坏了奔跑时的姿势。莫蒙就像去救火一样，骑着无鞍无镫的马冲出院子。当他从窗前，从仍然在冒着烟的茶炊旁边经过时，跑出门来的女人们——莫蒙的老婆子、他的女儿别盖伊、年轻媳妇古莉查玛——马上就看出，老头子一定是出了什么事情。他还从来没有骑过阿拉巴什，从来没有这样不要命地骑了马在院子里跑。她们都还不知道，这是快腿莫蒙造反了。也还不知道，因为这次老来造反，他将付出什么样的代价……

奥罗兹库尔牵着卸了套的马从滩上走了回来。马的一条前腿一瘸一拐的。女人们一声不响地看着他朝院子里走来。她们还一点不知道奥罗兹库尔心里在打什么主意，不知道他这一天会带给她们什么，带给她们什么样的灾难和恐怖……

他穿着噗唧噗唧直响的湿靴子和湿漉漉的裤子，迈着又重又沉的步子走到她们跟前，皱着眉头阴沉地朝她们望着。他的老婆别盖伊着急了：

"奥罗兹库尔，你怎么啦？出了什么事？瞧你浑身都湿了。木头冲走了吗？"

"没有，"奥罗兹库尔摆了摆手。"牵去，"他将缰绳递给古莉查玛，"把马牵到马棚里。"他朝家门口走去。"到屋里来。"他对老婆说。

奶奶也想跟他们一起进去，但是奥罗兹库尔不让她进门。

"你走开，老婆子。这里没有你的事。你回家去，别往这里来。"

"你怎么的啦？"奶奶生气了，"这又是怎么一回事？我家老头子呢？他怎么啦？出了什么事？"

"你去问问他自己，"奥罗兹库尔回答说。

回到家里，别盖伊脱去丈夫的湿衣服，递给他一件皮袄，将茶炊拿了进来，便往碗里倒茶。

"不要茶，"奥罗兹库尔将手一摆，"拿酒来。"

老婆拿出一瓶没有开过的酒，朝杯子里倒。

"斟满，"奥罗兹库尔吩咐道。

他将一杯酒一口气喝下，用皮袄将身子一裹，一面朝毡上躺，一面对老婆说：

"你不是我老婆，我不是你男人了。走吧。今后你别进这个屋子。走吧，现在走还不晚。"

别盖伊长叹一声，坐到床上，很习惯地噙着眼泪，小声说：

"又来啦？"

"什么又来啦？"奥罗兹库尔大声吼道，"滚出去！"

别盖伊从屋里跑出去，一如往常，挓挲着两只胳膊，在院子里放声大哭：

"我为什么生到世上来呀？我的命好苦啊！……"

这时候，莫蒙老汉正骑着阿拉巴什去接外孙。阿拉巴什是一匹快马。但莫蒙还是迟到了两个多钟头。他在路上碰到了外孙。女教师正亲自送孩子回家。这就是那个女教师。还是那一双风吹皴了的、粗糙的手，还穿着那件穿了五六年仍然换不掉的大衣。这个疲惫不堪的女子脸色很不好。孩子早就哭了个够，眼睛都哭肿了。他手里提了书包，跟女教师走着，满脸的委屈，一副可怜相。女教师着实地数落了莫蒙老汉一顿。他下了马，垂着头站在她面前。

“您要是不能按时来接孩子，”她说，“您就别送他来上学。您别指望我，我自己有四个孩子呢。”

莫蒙又一次表示歉意，又一次保证今后不再有这种事。

女教师回杰列赛去了，爷爷就带外孙往家走。

孩子紧靠爷爷坐在马的前面，一声不响。老人家也不知道对他说什么才好。

“你饿坏了吧？”他问道。

“不饿，老师给我面包吃了。”外孙回答。

“为什么你不说话？”

孩子听了这话，还是什么也没有说。

莫蒙歉疚地笑了笑，说：

“你这孩子倒是真有气性。”他摘下孩子的帽子，吻了吻他的头顶，又把帽子戴到他头上。

孩子没有扭头。

他们这样骑马走着，两个人都闷闷不乐，一声不响。莫蒙紧紧地拉住缰绳，不让阿拉巴什快跑，生怕无鞍马颠得孩子受不了。再说，现在好像也用不着多么着急了。

马很快就领会了人意，踏着轻轻的碎步走着。马不时地打着响鼻，马蹄得得地敲击着路面。最好是一个人骑着这样的马，唱着歌，轻轻地唱，自己唱自己听。一个人独自走路的时候，不是常常唱点什么吗？唱一唱心头的遗憾、逝去的年华，唱一唱当年爱情中的悲欢……人总是喜欢怀念过去的岁月，因为过去的岁月里还保留着永远得不到的东西。究竟那又是什么，人自己也不十分清楚。但有时一个人喜欢想想这些,喜欢感慨一番。

一匹称心如意的好马,是一位极好的旅伴……

莫蒙老汉看着外孙剃得光光的后脑勺,看着他那细细的脖子和招风耳朵,心想:自己一生多灾多难,辛辛苦苦,忙忙碌碌,操了多少心,经受了多少悲痛,如今只落得眼前这个孩子、这个无依无靠的小东西。要是当爷爷的能把他抚养成人,倒也罢了。要是以后只剩下他一个人,那就难了。才像玉米穗那样嫩,就已经有了自己的性子。他还是呆一些、随和一些好……像奥罗兹库尔这样的人,会十分痛恨他,会拼命折腾他的,到那时候,这孩子就像小鹿落到狼爪子底下了……

于是莫蒙想起了鹿,想起了今天像一闪而过的影子一样飞速跑过、曾使他惊叫和欢呼的那几头鹿。

“你知道吗,孩子?鹿到咱们这里来啦。”莫蒙爷爷说。

孩子马上扭过头来:

“真的?”

“真的。我亲眼看到的。三头。”

“鹿是从哪里来的?”

“依我看,是从山那边来的。那边也有保护林。现在是秋天,还像夏天一样,山口是畅通无阻的。所以鹿就到咱们这里作客来了。”

“鹿会在咱们这里住下来吗?”

“要是喜欢的话,会住下来的。要是不去碰它们,它们会在这里住下去的。它们要吃的东西,咱们这里有的是。哪怕养一千头鹿都行……古时候,长角鹿妈妈还在这里的时候,这里的鹿数也数不清……”

爷爷觉得，孩子听到这个消息高兴起来，心里的委屈渐渐消散了，于是老人家又讲起古时候的事，讲起长角鹿妈妈。他讲得自己也入了迷。于是他想：自己一下子幸福起来，而且也让别人幸福，多么简单啊！但愿能永远这样生活。是的，就这样，就像现在这样，就像此时此刻这样。但是现实生活却往往不是这样的。幸福来的时候，不幸总是悄悄守候在旁边，时时要闯进你的心灵，闯进你的生活，寸步不离地跟随着你，永远跟随着你，叫你甩也甩不脱。甚至就在此时此刻，在爷爷和外孙都觉得十分幸福的时候，在老人家心中，同时又是喜悦，又是担心：奥罗兹库尔在那里怎么样了啊？他在打什么主意，打算怎样来整治人呢？他想出什么点子来处罚他这个胆敢不听话的老头子呢？奥罗兹库尔是不会这样罢休的。要不然他就不是奥罗兹库尔了。

为了不去想即将临到他和他女儿头上的灾难，莫蒙就给外孙讲鹿，讲鹿的心肠怎样好，鹿怎样美丽，跑起来怎样快，讲得那样带劲儿，好像这样就可以把躲不掉的一场灾难躲掉了。

孩子的心情却非常好。他想都没想到家里会出什么事情。他听得来了劲。怎么，当真是鹿回来了？这么说，这都是真的啦！爷爷说，长角鹿妈妈不再计较人们过去害它的事，已经允许它的孩子们回到伊塞克的山里来了。爷爷说，现在这三头鹿是来探探这里的情形的，要是它们满意的话，所有的鹿就又要回到家乡来了。

“爷爷，”孩子打断了爷爷的话，“会不会是长角鹿妈妈亲自来啦？会不会是它要看看咱们这里怎么样，然后就把它的孩子们叫来，是吗？”

“也许是吧，”莫蒙含含糊糊地说。他顿住了。老人家觉得不好意思起来：他是不是讲得过分认真，孩子是不是对他的话过分相信了？但是，莫蒙爷爷也没有叫外孙不要相信，而且，现在要他不信，已经太晚了。“谁知道呢，”老人家耸耸肩膀说，“也许是的，也许是长角鹿妈妈亲自来了吧。谁知道呢……”

“咱们去看看，就知道了。爷爷，咱们就到你刚才看到鹿的地方去，”孩子说，“我也想看看。”

“可是，它们不会老是在一个地方待着呀。”

“咱们可以跟着脚印去找。跟着脚印走很久很久。只要看它们一眼，咱们就回来。这样，它们就会想，人是不会害它们的。”

“真是个小孩子，”爷爷笑了笑，“咱们先回家再说吧。”

他们已经顺着房子后面的小路来到护林所跟前。从房后看一座房子，就像从背后看一个人一样。三座房子都不动声色，叫人看不出里面发生了什么事。院子里也是空荡荡的，一点声音也没有。莫蒙预感到不妙，不由得一阵心慌。会出什么事呢？奥罗兹库尔又喝醉了，打了他那不幸的女儿别盖伊？会不会出别的什么事？为什么这样静，为什么院子里这会儿一个人都没有？“要是没出什么事，就要去把那根倒霉的木头从河里拖出来，”莫蒙心想，“这个奥罗兹库尔，真拿他没办法，最好不要招惹他。他要干什么，最好依着他，一切事都不能过分认真。没办法给驴子讲清它是驴子。”

莫蒙策马来到马棚跟前。

“下来吧。咱们到家了。”他竭力不露自己的慌乱心情，对外孙这样说,好像他们是远出归来的。

孩子提着书包正要朝家里跑,爷爷喊住了他:

“等一等,咱们一块儿走。”

他将马牵进马棚,拉起孩子的手,朝家里走去。

“你记着,”爷爷对外孙说,“要是有谁骂我,你别怕,不论骂什么乱七八糟的话,你都别去听。你别管这些事。你的事是上学。”

可是,根本就没有人骂他。他们进得门来,奶奶只是用责难的目光朝爷爷望了好一阵子,然后就抿紧嘴唇,又做起她的针线活儿。爷爷也什么都没有对她说。他阴沉着脸,提心吊胆地在房子当中站了一会儿,随后从灶上端过一大碗面条,拿来汤匙和面包,就跟外孙坐下来吃早已过了时的午饭。

他们一声不响地吃着,奶奶对他们连望也不望。她那皱皱巴巴的、褐色的脸上一脸的怒气。

孩子明白了:一定是出了什么很不好的事情。可是两位老人家还是一声不响。

孩子非常害怕,非常惊慌,连饭都咽不下去了。人吃饭时要是闷声不响,各自想着不快和疑虑的事情,那就再糟没有了。“也许,这怪咱们吧?”孩子在心里对书包说。书包这会儿在窗台上。孩子的心顺着地面朝前滚,爬上窗台,来到书包跟前,跟书包悄悄地说起话来。

“你一点不知道吧?爷爷为什么这样难过?他有什么错儿?为什么他今天去迟了?为什么他骑的是阿拉巴什,而且没有加鞍?过去可从来没有这种事。也许,他是在森林里看到了鹿,所以耽误了？……也许根本就没有什么鹿呢？也许这是编的呢？那又是怎么一回事儿？他为什么那样讲？他要是骗咱们，长角鹿妈妈会见怪的呀……”

吃罢了饭，爷爷低声对孩子说：

“你到院子里去。有件事，要你帮我一下。我马上就来。”

孩子很听话地走了出去。他刚刚随手将门带上，就听到奶奶的声音：

“你到哪里去？”

“我去把木头拖出来。刚才木头在河里卡住了。”莫蒙回答说。

“啊，你总算想起来啦！”奶奶叫了起来，“亏你想到了！你去看看你那女儿吧！古莉查玛把她拉回家去了。这会儿谁还要你那个不会生孩子的笨货？你去，让她说说，她现在算什么吧。就像条癞皮狗一样，叫男人赶出门来了。”

“那又怎么办，赶出来就赶出来好啦。”莫蒙伤心地说。

“哎哟！你自己又是什么料呀？你的女儿都没出息，你就想，好吧，那就栽培栽培外孙做个大官吧，是这样吗？得了吧！真值得为这样一个孩子去闯刀山火海！竟敢骑上阿拉巴什就跑。真了不起！你顶好还是记住自己的身份，别忘了你是在跟谁打交道……他会把你的脖子扭断，就像扭鸡脖子一样。你什么时候学会顶撞人的？打从什么时候成了好汉的？你那女儿吗，你别想领回家来。我连门也不叫她进……”

孩子垂头丧气地在院子里转悠起来。屋子里奶奶的叫声还没有停。后来门啪地一响，爷爷从屋子里跑了出来。老人家朝古莉查玛家走去，但是古莉查玛在门口迎住了他。

“这会儿您别进去，最好等一会儿，”她对莫蒙说。莫蒙张皇失措地站了下来。“她在哭，男人打得她好厉害，”古莉查玛说。“她说，这一下子男人再也不要她了。她拼命在埋怨您。她说，一切全怪老头子。”

莫蒙一声不吭。有什么好说的呢？现在连亲生女儿都不想见他了。

“奥罗兹库尔还在家里喝着哩。凶得不得了，”古莉查玛小声说。

两个人都沉思起来。古莉查玛同情地叹了一口气。

“要是我家谢大赫玛特快点儿回来就好了。今天该回来啦。他要是回来，一块儿把木头拖出来，至少可以过去这一关。”

“难道问题在木头上？”莫蒙摇了摇头。他沉思起来；看到外孙在身旁，就对他说：“你玩去吧。”

孩子走开了。他走进棚子，拿出藏在里面的望远镜，擦了擦上面的灰土。“咱们情况不好，”他忧愁地对望远镜说，“看起来，这得怪我和书包。要是在什么地方另外有个学校就好啦。我和书包就可以到那里上学去。让谁也不知道。只不过爷爷就要着急死了，他会到处找咱们的。你呢，望远镜，你又跟谁一块儿看白轮船呢？你以为我不会变成鱼吗？你就等着瞧吧！我会游去找白轮船的……”

孩子躲在一堆干草后面，用望远镜朝四下瞭望。他望得不开心，望的时间也不长。要在别的时候，他会看不够的：那秋日的森林覆盖着的秋日的群山，上面白雪皑皑，下面火红一片。

孩子将望远镜放回原地方，走出棚子，看到爷爷牵着戴了马轭和挽索的马从院子里过。爷爷是朝河滩去的。孩子正想跑到爷爷跟前去，可是他听到奥罗兹库尔的吆喝声，就站住了。奥罗兹库尔穿着衬衣、披着皮袄从屋里跳了出来。他的脸变成了紫红色，就像红肿的母牛乳房。

“喂，你干什么？”他厉声对莫蒙老汉喝道，“你把马牵到哪里去？算了吧，给我牵回原地方。不许你动。没有你，也能拖木头。现在这里没有你的事了。我代表护林所把你解雇了。你想到哪里，就滚到哪里去吧。”

爷爷苦笑了一下，把马牵回马棚里。莫蒙一下子就变得老态龙钟，又矮又小。走路连脚后跟都抬不起来，旁边的一切他望都不望。

孩子为爷爷抱屈，憋得透不过气来，为了不叫人看到他哭，他顺着河岸跑去。眼前的路模模糊糊，一会儿不见了，一会儿又出现在脚下。孩子含着眼泪朝前跑。又见到了岸边他那些石头伙伴：“坦克”“狼”“马鞍”“睡骆驼”。孩子对它们什么也没有说。因为它们什么也不懂，只知道呆站着、呆睡着。孩子抱住“睡骆驼”的驼峰，俯在赭色的花岗岩上，十分伤心地放声痛哭起来。他哭了很久，后来渐渐止住了哭，平静下来。

最后，他抬起头，擦干了眼泪，朝前面一看，愣住了。在他的正前方，在对岸，紧靠水边站着三头鹿。三头真正的鹿。活生生的鹿。它们刚才喝水的，看样子，已经喝饱了。其中有一头角最大最重的，重新将头俯到水上，一面慢慢地吸水，一面好像在观看倒映在浅水里的自己的角，就像照镜子一样。这头鹿是棕色的，胸部发达，十分强壮。当它抬起头来时，水珠儿从它那毛茸茸的、淡棕色的嘴唇上一滴一滴地朝水里落。它摆动着耳朵，留神地朝孩子望了望。

但对孩子看得最多的，是一头白色母鹿。这头鹿腰部肥大，头上长着细而多枝的像皇冠一样的角。它的角稍微小些，但是十分好看。它那样子，活像长角鹿妈妈。眼睛大大的，十分明亮。它又像一匹年年产驹的精壮的母马。这长角鹿妈妈细心而安详地朝孩子望着，好像在回忆，它是在哪里见过这个大脑袋、大耳朵的孩子的。它的眼睛水汪汪的，远远地闪着亮光。鼻孔里冒出淡淡的水汽。在它的身边，是一头没有长角的小鹿。小鹿扭过身去啃柳条儿。那样子十分自在，无忧无虑。小鹿肥墩墩的，又结实又好玩儿。它忽然又丢开柳条儿，活泼地蹦了起来，拿肩膀去撞母鹿，围着母鹿蹦了一会儿，又撒起娇来，拿它那没有长角的头拼命去擦鹿妈妈的两侧。长角鹿妈妈却对着孩子望了又望。

孩子屏住呼吸，从石头后面走了出来，并且像在梦里一样，将手向前伸着，一直走到河边。鹿一点也不害怕。它们在对岸安详地望着他。

那绿莹莹的、湍急的河水，汹涌翻腾地漫过河底壅塞的石头，从他和鹿中间流过。要不是这条横在当中的河，也许他能走到跟前去摸一摸鹿。鹿站在平坦而洁净的沙滩上。在鹿的后面，沙滩边上，秋天河滩林浓密的枝丛火红火红的，像一道红墙。往上，是陡立的黏土岸，陡岸上去，是一片片火红色的桦树和山杨，再往上，就是大森林和山顶的白雪了。

孩子闭上眼睛，又睁了开来。眼前依然是原来那幅图画：火红的河滩林跟前，洁净的沙滩上，依然站着那几头神奇的鹿。

但是，三头鹿终于转过身去，一个跟一个地穿过沙滩，朝森林里走去。走在前面的是大公鹿，当中是小鹿，小鹿后面是长角鹿妈妈。鹿妈妈回过头来，又一次望了望孩子。三头鹿走进河滩林，从树棵子中间穿过。红色的枝叶在鹿的头顶上摇晃着，红叶纷纷落到它们那又平又软和的背上。

然后它们顺着小路往上去，爬上陡峭的河岸。到了岸上，又停了下来。于是孩子又觉得，鹿又在看他了。大公鹿伸长脖子，将长角仰靠在背上，像吹大喇叭一样叫了起来："巴……噢！巴……噢！"它的叫声引起长长的回声，在陡岸和河的上空回荡着："啊……噢！啊……噢！"

这时孩子才清醒过来。他撒开两腿顺着熟悉的小路朝家里跑去，一口气跑到家，箭一般地穿过院子，砰的一声将门推开，气喘吁吁地在门口喊道：

"爷爷！鹿来啦！鹿呀！鹿就在这里！"

莫蒙爷爷在角落里望了他一眼。爷爷在那里垂头丧气地、静静地坐着，什么也没有说，好像没有听明白他说的是什么。

"你别嚷啦！"奶奶小声说，"来了就来了好啦，现在顾不上这些。"

孩子轻轻地走了出去。院子里空荡荡的。秋日的太阳眼看就要落到卡拉乌尔山和旁边一排昏暗的秃山后面。红红的夕阳向寒冷的群山上空射来浓浓的、没有暖意的余晖。这冷冷的余晖又在空中散出晃晃不定的折光，照耀着秋日群山的山顶。森林笼罩起昏沉的暮霭。

天冷了。雪山上吹来寒风。孩子打起哆嗦。他浑身发冷。

六

孩子躺到被窝里，还是浑身发冷。他很久没有睡着。外面已经漆黑漆黑的了。他的头阵阵作痛。但是他一声不响。谁也不知道他病了。都把他忘了。真的，怎么能不把他忘了呢！

爷爷感到心慌意乱，坐立不安。一会儿出去，一会儿进来，一会儿愁眉苦脸地坐下，沉重地叹几口气，一会儿又站起来，不知走到哪里去。奶奶一面恶言恶语地埋怨老头子，一面也是前前后后地走个不停，一会儿走到院子里，一会儿又回到屋里。院子里传来断断续续的咕哝声、不知是谁的急促的脚步声，还有咒骂声，——大概奥罗兹库尔又在骂人了，还有人抽抽搭搭地哭着……

孩子静静地躺着；听着这些说话声、脚步声，听着屋里和院子里的这些动静，他感到越来越困倦了。

他闭上眼睛，为了冲淡自己的孤独感和冷清感，便又去想今天发生的事和他希望看到的事。他站在大河边。水流得非常快，快得叫人不能久望，望久了头就发晕。鹿在对岸朝他望着。昨天傍晚他看到的那三头鹿，现在又都站在那里了。一切又重新出现了。大公鹿喝罢水抬起头来，水珠儿还是从它那湿漉漉的嘴上一滴一滴地朝水里落。长角鹿妈妈还是用和善的、会心的目光留神地朝孩子望着。它的眼睛大大的、黑黑的、水汪汪的。孩子感到十分惊奇的是，长角鹿妈妈能够像人一样叹气。叹得又伤心、又凄怆，就像爷爷那样。然后，三头鹿穿过河滩林的树棵子朝外走。红红的枝叶在它们头顶上摇晃着，红叶纷纷落到他们那又平又软和的背上。它们爬上陡峭的河岸。在岸上停了下来。大公鹿伸长脖子，将长角仰靠在背上，像吹大喇叭一样叫了起来："巴……噢！巴……噢！"孩子一想到大公鹿的叫声变成长长的回声在河上回荡的情形，暗自笑了起来。随后，鹿就钻到森林里去了。但是孩子不希望跟它们分离，于是他又想象出他希望看到的情景。

还是湍急的大河在他面前飞速地流过。水流快得叫头脑发晕。他跳起来，飞过河去。他又轻又平稳地落到离鹿不远的地方，鹿还在沙滩上站着呢。长角鹿妈妈将他叫到跟前：

"你是谁家的？"

孩子没有吱声：他不好意思说他是谁家的。

"长角鹿妈妈，我和爷爷都很喜欢你。我们老早就盼你来啦。"他说。

"我也知道你。也知道你爷爷。你爷爷是个好人。"长角鹿妈妈说。

孩子高兴起来，但不知道怎样来谢谢它。

"你要不要我变成一条鱼，顺着河游到伊塞克湖找白轮船去?”他忽然说。

他是会这样的。但是长角鹿妈妈没有回答。于是孩子开始脱衣服,并且就像以往在夏天那样,蜷缩着身子,抓着岸边的柳条,钻进水里。但是河水不是冰凉的了,是热的、滚烫的,叫人透不过气来。他睁着眼睛在水里游了起来,于是无数金色的沙粒、无数水底的小石子在周围嗡嗡地旋转起来。他感到气闷。可是滚热的流水还是一股劲儿地冲着他往前跑。

“救救我,长角鹿妈妈,救救我吧,我也是你的孩子啊。长角鹿妈妈!”他高声喊着。

长角鹿妈妈顺着河边跟着他跑来。它跑得很快,风在它的角上嗖嗖直响。他马上觉得轻快一些了。

他浑身是汗。他记得,在这种情况下爷爷总是要给他盖暖和些的,于是他将被窝裹紧些。屋里一个人也没有。灯芯已经快烧尽了,所以灯光十分昏暗。孩子想起来喝水,但是院子里又传来震耳的人声:有人在骂人,有人在哭,有人在劝。还有打闹声和杂乱的脚步声……过了一阵子,有两个人哎唷噢唷地叹着气从窗前过去,好像是一个人拖着另一个人似的。门砰的一声开了,发了疯似的奶奶呼哧呼哧地喘着气,一把将爷爷推进屋里。孩子还从来没有看到爷爷吓成这个样子。看样子,他已经没有了主意。老人家的眼睛慌乱地四处张望着。奶奶当胸推了他一把,让他坐了下来。

“坐下,坐下,老浑蛋,没有人请你去管,你就别去管。他们这种事,是头一回还是怎的?你要是想求得平安无事,你就坐着,别去找事。我叫你怎样,你就怎样。听见没有?要不然,他会撵咱们走的，你该明白，那就是要咱们的命。咱们这么大年纪又到哪里去？有什么地方好去？”说到这里，奶奶砰的一声将门带上，又急急忙忙跑走了。

屋里又静了下来。只听到爷爷一阵一阵呼哧呼哧的喘气声。他用打哆嗦的两只手臂紧紧地抱住头，坐在灶旁的踏板上。老人家忽然跪了下来，举起双手，不知是向谁哀告起来：

“让我死吧，让我死就死好啦，我反正是个苦命人！可是你要给她一个孩子！我实在看着不忍心啊！哪怕就给她一个孩子也好，可怜可怜我们吧……”

老人家哭着，颤颤巍巍地站了起来，扶着墙，摸索到了房门。他走出去，将门带上，就在门外捂住嘴闷声闷气地痛哭起来。

孩子难受起来。他又浑身打起哆嗦。一阵冷，一阵热。他想起来去看看爷爷。可是手和脚都不听使唤，头疼得厉害。老人家在门口哭，喝醉了的奥罗兹库尔又在院子里发作起来，别盖伊姨妈在没命地号叫，古莉查玛和奶奶就在央求、劝解。

孩子离开他们，进入了自己想象的世界。

他又来到水流很急的河边，对岸沙滩上还是站着那几头鹿。于是孩子祷告说：“长角鹿妈妈，你用角带一只摇篮送给别盖伊姨妈吧！我求求你，送给他们一只摇篮吧！让他们生一个孩子吧！”他踏着水朝长角鹿妈妈跑去。人在水上不沉，但是他也不能跑到对岸，好像在原地跑步似的。他还是一个劲儿地祈求、央告长角鹿妈妈：“用角带一只摇篮给他们吧！行行好吧，让我家爷爷别哭；行行好吧，让奥罗兹库尔不要打别盖伊姨妈。行行好，让他们有一个孩子吧，我会喜欢所有的人的，我也会喜欢奥罗兹库尔姨父，只要你给他一个孩子就行了。你用角带给他们一只摇篮吧！”……

孩子仿佛觉得，远处响起了铃声，而且铃声越来越响。那是鹿妈妈从山里跑来了，鹿妈妈用角挂住摇篮的摇把，送来一只小孩摇篮——一只带铃铛的、白桦木做的别色克。摇篮上的银铃叮当响着。长角鹿妈妈飞快地跑着。铃声越来越近……

可是，这是什么？铃声中闯进了远远的马达声。一辆卡车开来了。汽车的响声越来越大，越来越清晰，铃声低了下去，时不时地叮当响几下，很快就完全淹没在马达声中。

孩子听到，汽车轰隆哐啷地响着朝院子开了过来。狗汪汪叫着朝屋后奔去。车灯的折光在窗子上晃动了一会儿，接着就熄灭了。马达也不响了。驾驶室的门砰地一响。来人在讲话，从声音可以听出，来的是三个人。他们从孩子在里面睡觉的窗子前面走过。

“谢大赫玛特回来啦，”传来古莉查玛喜出望外的声音，还可以听出，她怎样忙不迭地去迎接丈夫。“可把我们等坏了！”

“您好。”外来人对她说。

“你们在家怎么样？”谢大赫玛特问。

“还好。过得去。为什么这样晚才回来？”

“就这样，还算运气哩。我到了农场，等顺路汽车等了很久。连到杰列赛的车子也没有。谁知，恰好就碰到他们到咱们这里来拉木料，”谢大赫玛特说，“黑夜里走山路。不用说有多么难了。”

“奥罗兹库尔在哪里？在家吗？”有一个来人问。

“在家，”古莉查玛犹犹豫豫地回答说，“身子有点儿不舒服。不过，请不必担心。你们就在我们这里歇好啦，地方有的是。咱们走吧。”

他们就朝前走。但是走了几步又停下来。

“您好，老大爷。您好，老大娘。”

来人跟莫蒙爷爷和奶奶打招呼。看样子，爷爷和奶奶见外人来了觉得不好意思，就按照迎接客人的常礼，在院子里迎接起他们。也许，奥罗兹库尔也会不好意思的呢？但愿他不要给自己、给别人丢脸。

孩子多少平静一些了。而且，总的来说，他身上也轻快一些了。头疼得不那样厉害了。他甚至在想，是不是起来去看看汽车：汽车是什么样子的，是四轮的呢，还是六轮的？是新的呢，还是旧的？拖车又是什么样子的？今年春天，有一天他们护林所还来过一辆军用卡车——高轮子，短鼻子，好像鼻子被砍掉了半截似的。年轻的驾驶兵还让孩子在驾驶室里坐了一阵子。真好玩儿！坐车来的那个戴金肩章的军人，还跟奥罗兹库尔一起到森林里去过。去干什么呢？这种事可从来没有过。

“你们是来抓间谍的，是吗？”孩子问驾驶兵。

驾驶兵笑了笑，说：

“是的，来抓间谍的。”

“我们这里还没来过一个间谍呢。”孩子泄气地说。

驾驶兵大笑起来：

“你干吗那么希望间谍来？”

“他来了，我就可以去追他，逮他。”

“嘿，你真不简单哩！你还小呀，等长大了再逮吧。”

在戴金肩章的军人跟奥罗兹库尔一起去森林里转的时候，孩子跟驾驶兵谈得才带劲儿呢。

“我喜欢所有的汽车和所有的司机。”孩子说。

“这是为什么？”驾驶兵问。

“汽车都很好，又有劲，跑得又快。发出的汽油味道很好闻。司机都很年轻，都是长角鹿妈妈的孩子。”

“什么？什么？”驾驶兵不懂了，“什么长角鹿妈妈？”

“你难道不知道吗？”

“不知道。从来没有听说这种怪事儿。”

“那你是什么人？”

“我是哈萨克人，卡拉干达市人。矿工学校毕业的。”

“不是问这个。你是谁的孩子？”

“是我爸爸、妈妈的。”

“你爸爸、妈妈又是谁的孩子？”

“也是他们的爸爸、妈妈的。”

“他们的爸爸、妈妈呢？”

“你听我说，这样问下去，就没有个完啦。”

“我可是长角鹿妈妈的孩子们的孩子。”

“这是谁告诉你的？”

“爷爷。”

“不一定是那么回事吧。”驾驶兵疑疑惑惑地摇了摇头。

这个大脑袋、大耳朵的小男孩，这个长角鹿妈妈的孩子们的孩子，使他非常感兴趣。不过，当他弄清了自己不仅不知道自己的家族渊源，而且连起码的七代世系都不知道的时候，他还是有点儿难为情了。他只知道自己的父亲、祖父、曾祖父。再往上就不知道了。

“难道没教你记住七代祖宗的名字吗？”孩子问。

“没有教。教这些事干什么？我就不知道，也没有关系。照样过日子。”

“爷爷说，人要是不记住自己的祖宗，就要变坏。”

“谁变坏？人吗？”

“是的。”

“为什么呢？”

“爷爷说，那样的话，人做了坏事就不怕丑了，因为孩子们和孩子们的孩子们都不会记得他嘛。也没有人做好事了，因为反正孩子们都不会知道。”

“你爷爷真有意思！”驾驶兵惊异地说，“真是个有趣的爷爷。他尽把乱七八糟的玩意儿往你脑袋瓜里塞。你的脑袋瓜本来就不小啦……你的耳朵也不小，就像我们靶场上的定位器。你别听爷爷的。咱们已经在走向共产主义，已经在往太空飞了，可是爷爷还在教你一些啥玩意儿？最好叫他到我们那里上上政治课，我们一下子就能把他改造过来。等你长大了，学到本领，就离开爷爷好啦。他是个愚昧无知的人。”

“才不呢，我什么时候都不离开爷爷，”孩子反驳说，“他是个好人。”

“嗯，目前是这样。以后你会明白的。”

这会儿，孩子听到说话声，想起了那辆军用汽车，想起他当时竟没有对驾驶兵说清楚，为什么本地的司机，至少是他认识的那些司机，都算得上长角鹿妈妈的孩子。

孩子对他说的是真话。他的话没有一点是编造的。去年，恰好也是秋天这样的时候，或者稍微晚一点儿，农场里许多汽车到山里来运干草。汽车没有从护林所旁边经过，不到护林所就转了弯，顺着去阿尔查谷地的一条路一直向上去了。夏天在那里割好了草，准备到秋天运往农场的。孩子听到卡拉乌尔山上不曾有过的这样大的马达轰鸣声，便跑到三岔路口。一下子那么多汽车！一辆接着一辆。排成一条长龙。他数了数：共有十五辆。

天气正在变化，一两天内可能下雪，等雪下来，那就“对不起，干草，明年再见吧！”在这些地方，如果不能及时将干草运出去，以后就别想运了。汽车就进不了山了。想必农场因为事情多，一直拖着没有运，等到时间紧迫了，才决定出动所有的车辆将割好的草一下子运出去。但是，已经晚了！……

不过，孩子并不知道这些事，而且，说实在的，这些事跟他又有什么相干？他慌慌忙忙、高高兴兴、不分厚薄地跑上去迎接每一辆汽车，跟汽车赛赛跑，跑一阵子，然后又去迎接下一辆。汽车都是崭新的，驾驶室都非常漂亮，玻璃窗大大的。驾驶室里坐的都是年轻的司机，个个都是没有胡子的。有些驾驶室里坐着两个小伙子。跟司机坐在一起的是来装干草、捆干草的。孩子觉得他们都很漂亮、很威武、很快活。都像电影里的小伙子。

总的来说，孩子没有看错。确实是这样的。小伙子们的汽车都是没有话讲的，汽车过了卡拉乌尔山的斜坡，就顺着坚硬的石子路飞驰起来。小伙子们的心情都是极好的：天气不坏，而且，还有不知哪里来的这个大耳朵、大脑袋的小淘气高兴得发起了疯，跑来迎接每一辆汽车。怎能不笑，不朝他招手，怎能不装样子吓唬他、逗他，好让他更快活、更好玩些呢？……

最后面的一辆汽车甚至停了下来。一个年轻小伙子从驾驶室里探出身来。他穿着水兵制服，但没有肩章，没戴军帽，戴的是便帽。他是司机。

“你好！你在这里干什么，嗯？”他亲热地朝孩子挤了挤眼睛。

“玩玩，不干什么。”孩子有点儿腼腆地回答说。

“你是莫蒙爷爷的外孙吧？”

“是的。”

“我就知道是的。我也是布古人嘛。而且现在来的所有的小伙子都是布古人。我们是来运草的……现在的布古人都互不认识，各奔东西了……替我向你爷爷问好。你就说，看到乔特巴依的儿子库鲁别克了。就说，库鲁别克从部队里回来了，现在在农场里当司机呢。好啦，再见了！”临别他又送给孩子一枚军队的徽章，很好玩的。就像一颗勋章。

汽车像豹子一样吼了一声，便飞驰而去，追赶自己的车队去了。忽然，孩子非常想跟这个穿军服的又亲热、又威武的小伙子，跟这个布古族同胞一同前去。但是路上已经空荡荡的，他只好回家了。不过他还是十分得意地回到家里，对爷爷讲了他遇见司机的事。还将徽章别在胸前。

那一天傍晚时候，忽然从抵着天的山脊那边刮来了圣塔什的风。飑风来了。树叶一团一团地直冲到森林上空，然后一面向天空飞，越飞越高，一面呼啦啦地在群山上空散了开去。转眼间就刮得天昏地暗,连眼睛都睁不开了。接着就落起了雪。白茫茫的一片向大地压了下来,森林摇动,山河咆哮。大雪又密又猛。

好不容易把牲畜赶进栏里,将院子里一些东西收拾起来,好不容易尽可能多抱一些干柴进屋。然后就谁也不出屋了。暴风雪来得这么早,这样凶猛,是没法出门的。

“这是怎么回事呀?”莫蒙爷爷一面生炉子,一面困惑不解、惶惶不安地说。他还一直在倾听呼啸的风声,不时地走到窗前看看。

窗外,团团旋转的茫茫飞雪,很快就变成模糊的一片。

“你快坐下来吧!”奶奶唠叨说,“这种事是头一回,还是怎的?‘这是怎么回事呀?’……”奶奶学着他的腔调说,“冬天来了——就是这么回事。”

“就这样快,说来就来?”

“为什么就不可以呢?还要问过你才能来吗?冬天它要来,所以就来了。”

烟囱呜呜叫着。孩子起初有些害怕,并且他帮爷爷做事时也冻坏了;但很快就生起了火,暖和了,屋里弥漫着松烟和热烘烘的松脂气味,孩子定下心来,身上也暖和了。

后来就吃晚饭。然后就躺下睡觉。外面大雪飞舞,狂风呼啸。

“大概,森林里才可怕哩。”孩子听着窗外的风雪声,心里想道。忽然传来隐隐约约的人声、叫喊声,他觉得不对头。还有人在唤人,有人在答应。起初孩子以为这是自己听错了。谁会在这种时候到护林所来呢?但是爷爷和奶奶全都当真起来。

“有人。”奶奶说。

“是的。”老人家犹疑地应声说。

然后他就不安起来：这种时候，从哪里来的呢？他连忙穿衣服。奶奶也忙活起来。她起来，点起了灯。孩子有些害怕，也很快地穿好了衣服。就在这时候，一些人来到屋外了。很多人的说话声，很多人的脚步声。来的人们咯吱咯吱地踩着已经下得很厚的雪，噔噔地走上台阶，砰砰地敲起门来：

“老大爷，快开门！我们冻坏啦！”

“你们是谁？”

“自己人。”

莫蒙开了门。随着阵阵冷气和风雪闯进门来的，正是白天开车去阿尔查谷地运草的那些年轻司机。他们浑身都是雪。孩子一下子就认出了他们。也认出了那个穿水兵制服、送徽章给他的库鲁别克。他们架着一个人的胳膊走了进来，那人呻吟着，拖着一条腿。屋子里马上就乱腾起来。

“老天爷啊！你们怎么啦？”莫蒙爷爷和奶奶一齐叫了起来。

“等会儿再讲！后面还有我们的七个人呢。不要迷了路才好。来，坐在这里吧。他的脚扭伤啦。”库鲁别克一面扶呻吟着的小伙子坐到灶旁的踏板上，一面急急忙忙地说。

“你们那几个人究竟在哪里？”莫蒙爷爷着起急来，“我马上去把他们领回来。你快去，”他对孩子说，“告诉谢大赫玛特，叫他赶快来，带上手电筒。”

孩子一跑出屋子，就呛得喘不上气来。他这一辈子至死都不会忘记这严峻的一刻。就像一个毛烘烘、冷冰冰、嗥嗥叫的巨怪掐住了他的喉咙，并且拼命摇他，要叫他打哆嗦。但是他没有打哆嗦。他挣脱了掐得很紧的利爪，用手护住头，朝谢大赫玛特家跑去。这段路总共不过二三十步，可是他觉得自己跑了很远，觉得这是赴汤蹈火，就像一员勇将要去拯救自己的战士似的。他满怀勇气和决心。他觉得自己力大无穷、无人能敌；他跑过这段去谢大赫玛特家的路，就好像干了许许多多惊天动地的大事。他好像跳过深谷，从这座山跳到那座山，他挥动着宝剑，杀死成千上万的敌人，他救出落在火里的人和淹在水里的人。他驾着红旗飘舞的喷气战斗机追赶一个毛烘烘的黑色巨怪，那巨怪在山谷里、悬崖峭壁间到处逃窜。他的喷气战斗机闪电般地向怪物冲去。孩子用机枪向怪物扫射，高喊："消灭法西斯！"他干这些事的时候，到处都有长角鹿妈妈在场。长角鹿妈妈十分赞赏他。当孩子跑到谢大赫玛特家的门口时，长角鹿妈妈对他说；"现在你去救救那些年轻司机，救救我那些孩子吧！""我一定去救他们，长角鹿妈妈，我向你发誓！"孩子说着，就砰砰地敲起门来。

"快点儿，谢大赫玛特叔叔，快救咱们的人去！"他慌慌张张地一口气说出这些话，吓得谢大赫玛特和古莉查玛都跳了起来。

"救谁去？出了什么事？"

"爷爷要你赶快带着手电筒去，农场的司机迷路了。"

"糊涂蛋！"谢大赫玛特骂他，"这样说，不就行了吗！"说完就忙着准备出门。

孩子虽然挨骂，但一点也没有生气。谢大赫玛特哪里知道，他为了来他们家，立下了何等的功劳，他又发下了什么样的誓愿。孩子看到爷爷和谢大赫玛特一出护林所就遇上七个司机，并把他们带回家时,也没有觉得怎样泄气。本来事情就可能不是这样简单了结的嘛!危险已经过去的时候,当然觉得危险并不怎样啦……总而言之,这几个人也找到了。谢大赫玛特把他们领回家去了。也把奥罗兹库尔叫醒了,他也接了五个人去过夜。其余的就全挤在莫蒙爷爷的屋里睡了。

山里的暴风雪依然没有小下来。孩子跑到台阶上,过了一会儿,就分不清哪儿是左,哪儿是右,哪儿是上,哪儿是下了。夜幕之下,大雪在飞舞,在发狂。雪已经齐膝深了。

只是这会儿,所有的农场司机都已找到,他们也都暖和过来,不冷了,也不怕了,爷爷才小心翼翼地问起他们发生了什么事,虽然不问也清楚:他们在路上遇上了暴风雪。小伙子们讲着,爷爷和奶奶不时地叹气。

“哎呀呀!”两个老人家听了,不住地表示惊愕,并且将手贴在胸前,表示感谢真主。

“你们这些年轻人呀,穿得这么单薄!”奶奶一面给他们倒热茶,一面责备说,“能穿这么一点儿衣服进山吗?你们真是小孩子!……光图漂亮,光想学城里人的样儿。万一迷了路,万一出不来,天啊,到明天早晨就冻成冰棍儿了。”

“谁会想到出这种事儿呢?”库鲁别克说,“我们穿那么暖和干什么?要是觉得冷,我们车子里面就可以放暖气。就像坐在家里一样。转转方向盘就是了。就像在飞机里,飞机飞得那么高,这些山从上面看下来不过是些小土堆罢咧,机舱外面是零下四十摄氏度,里面的人还穿衬衣哩……”

孩子躺在羊皮上,夹在司机们中间。他挨在库鲁别克身边,竖起耳朵听着大人们说话。谁也不会想到突然出现这样的暴风雪,他甚至觉得高兴哩。因为正是暴风雪使这些人到他们护林所找地方过夜来了。他心中暗暗地希望这大雪下许多天,至少要三天不停。好让他们住着不走。跟他们在一起好极了！真有意思。原来爷爷都知道他们。不是认识他们本人,就是认识他们的爸爸、妈妈。

“这一下子,”爷爷甚至带点儿骄傲语气对外孙说,“你看到咱们的布古族弟兄啦。现在你就知道,他们都是什么样儿的了。多么棒啊！瞧,今天咱们的男子汉个头儿有多么高大！好好地长吧！我还记得,在四二年冬天,我们给调到马格尼托城去搞建筑……”

于是爷爷又讲起孩子早已熟悉的那段往事。他说,当时把全国各地来的工程兵按个头儿高矮排成长长的一队,结果吉尔吉斯人几乎全都站到了排尾,都是矮个子。点过了名,解散休息。有一个十分魁梧的红头发大汉朝他们走来,大声喊道。

“哪里来的这号儿的？满族人吗？”

他们中间有一个老教师。这个老教师就回答说：

“我们是吉尔吉斯人。我们在这一带跟满族人打仗的时候,马格尼托城还连影子都没有呢。那时候我们的个头儿跟你一样。等打完了仗,我们再长不迟……”

爷爷又讲起了这段往事。他十分得意,又一次笑嘻嘻地望了望来过夜的客人们。

“那位教师说对了。现在我到城里去,或者走在路上看一看：咱们的人又漂亮,又高大。不像过去那样了……”

小伙子们会心地笑了：老头子真喜欢逗趣。

“咱们个头儿倒是不小，”一个小伙子说，“可还是让一部车子歪到沟里了。不论咱们有多少人，还是无能为力……”

“那当然不行啦！车子装满了草，又在大风大雪的时候，”莫蒙爷爷替他们辩护，“这种事是不稀罕的。但愿明天天气能好转。要紧的是，风要停下来。”

小伙子们对爷爷讲了他们去阿尔查山地草场的情形。那里堆着三大堆山草。他们将三堆草同时往车上装。每辆车都装得高高的，比房子还高，等装好了，人得顺着绳子下来。就这样装了一辆又一辆。驾驶室都看不见了，只露着挡风玻璃、车头和车轮。既然来了，就想全部装走，免得再来第二趟。他们知道，要是有草剩下，那就要等明年了。他们装得很顺手。谁的车装好了，就把车开到一旁，再去帮着装别的车子。几乎把所有的干草都装上了，剩下的至多有两车。大家歇一下，抽支烟，商量好谁在前谁在后，就一起成一路纵队出发。车子开得很小心，几乎是摸索着下山。干草并不是重载，但是车子走起来很不灵便，甚至很危险，特别是在路窄的地方和急转弯的地方。

他们开车前进着，却没有想到，等在他们前面的是什么。

他们的车子从阿尔查高地下来，就进了一条长长的峡谷，来到峡谷出口处，已经快到黄昏时候，暴风在这里迎接了他们，大雪凶猛地扑来。

“来势那么凶猛，顿时吓得我们满背冷汗，”库鲁别克说，“霎时间天昏地暗，风刮得连方向盘都抓不住。真怕把汽车吹翻。再说，路又是那样的路，连白天走起来都很危险……”

孩子屏气息声、一动不动地听着，两只亮闪闪的眼睛直盯着库鲁别克。他正讲着的风和雪还在窗外疯狂地呼啸着,风还是那样狂,雪还是那样猛。很多司机和装车的小伙子连衣服和靴子都没有脱,就横七竖八地躺在地上睡着了。他们所经历过的一切,现在正由这个大脑袋、大耳朵、细脖子的孩子重新经历着。

过了几分钟,路就看不见了。汽车就像被人牵着走的瞎子一样,一辆跟着一辆往前走,司机还不停地揿着喇叭,免得车子离开队伍,岔到一边去。雪下得很密,就像前面有一堵墙,车灯的光一点也透不过去,雨刷已经来不及扫清玻璃上落的雪。只好将头探到驾驶室外来开车。这样开车简直是活受罪。雪还是不停地下着……轮子开始打滑了。车队在一处很陡的上坡前停住了。马达拼命地吼叫,但车子一步也挪不动……大家跳出驾驶室,互相召唤着从一辆车子跑向另一辆车子,一齐集合在车队的前头。怎么办?生火堆是不可能的。在驾驶室里待着,那就是说,要把剩下的汽油烧完,现有的汽油已经不多,用来开回农场本来已经够勉强的了。要是坐在驾驶室里不开暖气,简直就能冻死。小伙子们慌了神。万能的技术装备不管用了。怎么办呢?有人提议把车上的草卸下来,大家一齐钻到草里去。可是很清楚,只要将车上的绳子一解,你连眼睛都来不及眨一下,大风就会把干草吹跑,连一捆草都剩不下。这时车旁的雪越积越厚,车轮旁边已经积起雪堆。小伙子们完全慌了手脚,狂风吹得他们浑身冰冷。

"老大爷,我当时忽然想了起来,"库鲁别克忽然对莫蒙爷爷说道,"我们去阿尔查的时候,路上见到这个布古族小兄弟的,就是他,"他指了指孩子,又亲热地摸了摸他的头。"他在路边跑。我停下车子。是的,我们打招呼的。还谈了一阵子。是吗?你干什么还不睡？”

孩子笑着点了点头。可是有谁能知道，因为高兴和骄傲，他的心跳得多么厉害、多么响啊！是库鲁别克在说他哩。库鲁别克可是这些小伙子当中最强壮、最勇敢和最漂亮的一个。但愿能成为这样的小伙子！

爷爷也一面往火里添柴，一面夸奖他：

“我家这孩子就是这样。喜欢听人说话。看，耳朵伸得多长！”

“我那时候怎么会想起他，我自己真也不知道！”库鲁别克继续说下去，“我就对大家说，差不多是对大家喊的，因为风声压倒了人声。我说：‘咱们快到护林所去。要不然咱们会死在这里的。’小伙子们冲着我的脸喊：‘怎么去？步行是走不去的。也不能把汽车丢下。’我对他们说：‘咱们来把汽车推上山，往后就是一路下坡了。咱们只要到了圣塔什谷地，就可以步行到看林子的人那里去，那就不远了。’大家都明白了。就说：‘来吧，你来指挥吧。’既然这样，那我就来指挥……先从打头的汽车开始：‘奥斯莫纳雷，开车！’我们所有的人都拿肩膀去顶汽车。好，动了！开头好像挺顺利。后来就没有劲了。可是又不能后退。我们都觉得，好像推的不是一部汽车，而是一座大山。车子装得实在不少，简直是一座装了轮子的大草垛！我只知道拼命地喊：‘加油！加油！加油！’但是自己都听不到自己的声音。又是风，又是雪，什么都看不见。汽车像个活物一样，呜呜地叫着，哭着，拼死拼活地爬上了坡。我们也都上来了。心好像要炸开、要裂成碎片似的。脑袋里轰轰价响……”

“哎呀呀！”莫蒙爷爷难受地说，“你们竟会遇上这样的事！不用说，一定是长角鹿妈妈亲自保佑了你们，保佑了自己的孩子们。它搭救了你们。不然的话，谁知道会怎样……听见没有？外面还呼呼地叫，风雪还猛着哩……”

孩子的眼睛简直睁不开了。他强使自己不睡，但眼皮一再地粘到一起。孩子因为在半睡半醒状态中断断续续地听着爷爷和库鲁别克说话，就将听到的真事同想象的情景混到一起了。他仿佛觉得，他也在那里，也在这些进山遇上大风雪的年轻小伙子中间。在他眼前是一条很陡的上山的路，这座山已经白茫茫的，满山是雪。风雪吹在脸上，像刀割一样。眼睛像被针扎一样。他们推着一辆像房子一般大的装了干草的汽车向上爬。他们在路上慢慢地、慢慢地移动着。汽车已经走不动了，撑不住了，向后退了。十分可怕。一片漆黑。风冷得刺骨。孩子吓得瑟缩发抖，担心汽车倒撞下来把他们压死。但是这时，不知从哪里来了长角鹿妈妈。它用角顶住汽车，帮他们向上推。孩子就喊：“加油，加油，加油！”汽车就动了起来。他们爬上山顶，汽车就自己朝下开了。他们又推第二辆，然后又推第三辆，这样推上许多辆汽车。每一次都是长角鹿妈妈帮他们推的。可是谁也看不到它。谁也不知道它跟他们在一起。孩子可是看到的，知道的。他每一次都看到，每当支持不住的时候，每当没有了力气，情况十分危急的时候，长角鹿妈妈就要跑来，用角帮他们将汽车推上去。孩子每次都给大家打气：“加油，加油，加油！”而且他总是跟库鲁别克在一起。后来，库鲁别克对他说：“开车！”孩子就坐进驾驶室。汽车抖动了，轰隆轰隆响了。方向盘在手里自由自在地自己转动起来,就跟他很小的时候当汽车玩的桶箍一样。孩子觉得好不丢脸:他这方向盘竟是这种样子,跟玩具一样的。忽然车子一歪,向一边倒去。轰隆一声倒下,摔得粉碎。孩子大声哭了起来。他非常羞愧。真不好意思见库鲁别克。

“你怎么啦?你怎么啦,嗯?”库鲁别克把他叫醒。

孩子睁开眼睛。知道这原来是一场梦,他觉得十分高兴。库鲁别克用手将他抱了起来,抱得紧紧的。

“做梦啦?吓坏了吧?嘿,还要逞英雄呢!”他用又硬又干的嘴唇亲了亲孩子。“好啦,我让你睡觉吧,该睡啦。”

他将孩子放在地毡上,夹在已经睡着的司机中间,自己也挨着躺下来,将他拉到眼前,让他靠着自己,盖上水兵制服。

天蒙蒙亮,爷爷就把他唤醒了。

“醒醒吧,”爷爷小声说,“穿暖和点。起来。帮我做点儿事。”

模模糊糊的晨曦刚刚透进窗来。屋子里的人都还横七竖八地睡着。

“来,穿上毡靴。”莫蒙爷爷说。

爷爷身上散发着新鲜的干草气味。就是说,他已经给马上过料了。孩子穿好毡靴,就跟爷爷一起来到院子里。雪落得很厚。但是风息了。只不过间或地刮起一阵轻风,将地上的雪粉旋了起来。

“好冷啊!”孩子打起哆嗦。

“不要紧。天好像转晴啦,”老人家嘴里咕哝着说,“真是怪事。一下子就变成那样。还算运气,幸好没有出事……”

他们走进牲畜棚。这里面有莫蒙养的五只羊。老人家摸到挂在柱子上的灯,点着了。羊在角落里张望着,咩咩地叫了起来。

“你拿着,给我照着亮,”老人家一面对孩子说,一面将灯递给他。“咱们来把黑羊宰了。那么多客人嘛。等他们起身,咱们的羊肉就烧好了。”

孩子端着灯给爷爷照亮。风在墙缝里嘘嘘地叫,外面还又冷又昏暗。老人家先在门口撒了一捆干净的干草。将黑羊拉到这上面,在把羊放倒和捆羊腿之前,他沉思了一下,蹲了下来。

“把灯放下。你也蹲下来。”他对孩子说。

老人家将两只手掌放在胸前,嘟哝起来:

“我们伟大的祖先,长角鹿妈妈啊!我拿黑羊给你上供来了。多亏你在危难时候搭救了咱们的孩子们。多亏你用雪白的奶水养活了我们的祖先,感谢你那善良的心肠、慈悲的眼睛。在翻山的时候,在河水暴涨的时候,在山路溜滑的时候,你都要保佑我们。我们活在人世上,你要永生永世保佑我们,我们都是你的孩子啊。阿门!”

他按照祈祷的仪式,展开双掌,从额头抚面而下,直到下巴。孩子也照着做了。然后爷爷把羊放倒在地,将羊腿捆好。他从刀鞘里拔出一把古老的亚洲式尖刀。

孩子用灯给他照着。

天气终于好转。太阳已经有两三次怯生生地从疾驰的云块间隙里露出脸来。四处都是昨夜暴风雪遗留的痕迹:大大小小的雪堆、纷乱的树棵子、被雪压得弯成弧形的小树、吹倒的老树。

河那边的森林一声不响，静静的，有点儿郁郁不乐的样子。河面也好像低了下去，两岸堆起了雪，显得更陡了。河水响声小些了。

太阳还是没有定下心来——一会儿露出脸来，一会儿又藏了进去。

但是，孩子心里一点也不发愁，一点也不惊慌了。昨夜的惊惶不安已经过去，暴风雪已经过去，积雪并不碍他的事——雪地里还更好玩些呢。他到处跑来跑去，雪团从脚下纷纷飞起。使他感到高兴的是，屋子里一屋的人，小伙子们都睡好了，在高声地说笑，在狼吞虎咽地吃着为他们烧好的羊肉。

这时候，太阳也渐渐定下心来。越来越明净了，每次露面的时间也越来越长些了。乌云慢慢消散。甚至都暖和起来了。下得过早的雪开始迅速地融化，特别是在大路和小道上。

不错，当司机和装车的小伙子们准备动身的时候，孩子心里是着急了。大家一齐来到院子里，跟护林所的主人们道别，感谢主人盛情相待。莫蒙爷爷和谢大赫玛特骑着马去送他们。爷爷马上还驮了一捆柴，谢大赫玛特就带着一只大铅桶，准备烧热水浇开冻住的马达。

大家都离了院子。

“爷爷，我也去，带我去吧。”孩子向爷爷跑去。

“你没看到吗，我带着柴，谢大赫玛特带着桶。没人能带你。你到那里去干什么？走雪地，你走不动。”

孩子不高兴了，气嘟嘟的。于是库鲁别克便来带他。

“跟我们一起走吧，”他一面说，一面拉住孩子的手。“回来你就可以跟爷爷一块儿骑马了。"

他们走向三岔路口——就是从阿尔查割草场下来的那条路的路口。地上的雪还是很厚。要跟上这些强壮的小伙子,不是那么简单的。孩子渐渐走不动了。

"来吧,让我来背你走。"库鲁别克说。他十分熟练地抓住他的胳膊,又十分熟练地将他甩到自己的背上。动作那样熟练,就好像天天背他似的。

"库鲁别克,你背小孩子倒是有两下子。"跟他走在一起的一个司机说。

"我背弟弟妹妹已经背了一辈子了,"库鲁别克自己吹嘘说,"我是老大,我下面还有五个弟弟妹妹,妈妈在地里干活儿,爸爸也不在家。现在我的妹妹们都有孩子了。我从部队回来时是单身汉,一时还没有出来工作。我的大妹妹就说:'到我们家来吧,就住在我家,你带孩子挺有本事的。'我对她说:'算了吧,我才不去呢!我现在要抱抱自己的孩子了。'……"

他们就这样一面闲扯,一面走着。孩子趴在库鲁别克结实的背上,觉得非常舒服,非常安稳。

"我要是有这样一个哥哥就好了!"他幻想起来,"那我就谁也不怕了。奥罗兹库尔要是胆敢再骂爷爷或者碰一碰谁,只要库鲁别克多少用点劲儿瞪他一眼,他马上就老实了。"

昨天夜里扔下的汽车,就在岔路口往上大约两公里的地方。车上堆满了雪,很像冬天田野里的草垛。看那样子,谁也休想挪动它们。

但是,瞧,火堆生起来了。水烧热了。小伙子们摇起了摇把,马达活了,打起了喷嚏,转动起来。接下去,事情就好办了。底下每一辆汽车都是用缆绳拖着发动的。每一辆已经发动起来、已经烧热了的汽车,都依次地拖动它后面的一辆。

所有的车子都发动起来之后,他们就用两辆汽车来拖昨夜翻进沟里的那一辆。所有在场的人都帮着把车子往路上推。孩子也凑在边上,也在帮着推。他一直在担心有人会说:“你干什么在这里碍手绊脚的?去吧,走远点儿!”可是没有人说这话,没有人撵他。也许是因为库鲁别克答应让他帮忙的。库鲁别克在这里可是最了不起的,大家都很尊重他。

司机们再一次道别。汽车开动了。起先很慢,后来就快起来。汽车排成长长的一队,在覆盖着积雪的群山之间迤逦前进着。长角鹿妈妈的孩子们的孩子走了。他们都不知道,在孩子的想象中,隐身的长角鹿妈妈正在前面为他们开路。它跨着又大又快的步子在车队前面飞奔着。在艰险的道路上,它一直保佑着他们,为他们驱除危难和灾祸。吉尔吉斯人在多少世纪的游牧生活中受尽了山崩、雪崩、雪暴、大雾和其他灾祸之害,现在有长角鹿妈妈保佑,他们就可以躲过这些灾祸了。莫蒙爷爷黎明前用黑羊给长角鹿妈妈上供时,向它祈求的不就是这些吗?

他们走了。孩子也跟他们一起去了。心跟去了。他跟库鲁别克一块儿坐在驾驶室里。他说:“库鲁别克叔叔,长角鹿妈妈在咱们前面的路上跑着哩。”“可是真的?”“真的。一点不假。瞧,那就是!”

“喂,你在想些什么?站在那里干什么?”莫蒙爷爷使他清醒过来。“上来,该回家了。”他在马上弯下身子,把外孙抱上了马。

“你冷吧?”老人家说着,用皮袄的大襟将外孙捂紧些。

那时候,孩子还没有上学。

可是现在,他有时从沉重的梦境中醒来,不安地想:“我明天怎样去上学呢?我病了啊,身上好难受……”后来他又迷迷糊糊的了。他仿佛觉得,他正往本子上抄写老师在黑板上写的字:“Ат. Ата. Така.”[①]他将这些一年级学生学的字拼命往本子上抄,抄满一页又一页。“Ат. Ата. Така. Ат. Ата. Така.”他精疲力竭,眼睛发花,身上发热,热得要命,他揭开被子。当他什么也不盖,让身子冻着的时候,他又做了各种各样的梦。一会儿他变成鱼在冰冷的河里游,朝白轮船游去,可是怎么也游不到。一会儿遇上暴风雪。雪雾弥漫,冷风狂啸,装满了干草的汽车的轮子在陡峭的上山路上打着空转。汽车像人一样在呜呜大哭,可是轮子老是在原地空转。轮子因为拼命地转动,烧得通红。轮子烧了起来,轮子上的火向上直冒。长角鹿妈妈用角顶住车身,将装满干草的汽车朝山上推去。孩子使出全身的力气帮它往上推。他浑身热汗淋淋。忽然装草的车子又变成一只小孩的摇篮。长角鹿妈妈对孩子说:“咱们跑快点儿,快把摇篮给别盖伊姨妈和奥罗兹库尔姨父送去。”他们就跑了起来。孩子跟不上它。但是,在前面黑暗处,摇篮上的银铃还一个劲儿地叮当叮当地响着。孩子就跟着铃声朝前跑。

这时,台阶上响起脚步声,接着是开门声,他醒了过来。莫蒙爷爷和奶奶回来了,他们好像多少平静了一些。想必因为外人来

①吉尔吉斯文:马,父亲,马掌。

到护林所，奥罗兹库尔和别盖伊姨妈没有再那样闹了。也许是奥罗兹库尔发酒疯发累了，终于睡着了。外面既没有叫声，也没有骂声。

将近午夜时，月亮升到群山上空。它像一个昏黄的盘子，挂在一座最高的雪峰上头。长年冰封的高山在黑暗中矗立着。它那起伏不平的山脊熠熠地闪着银光。周围那些山、那一处处的悬崖峭壁，那黑沉沉的一动不动的森林，全都鸦雀无声地呆立着，只有在最低处，河水冲击着石块，发出哗啦哗啦的响声。

晃晃不定的月光像一股流水，斜斜地泻进窗来。月光照得孩子睡不着觉。他眯起眼睛，翻过来，又翻过去。想请奶奶把窗帘拉上，但没有作声，因为奶奶正在生爷爷的气。

“老糊涂，”奶奶一面脱衣睡觉，一面小声说，“你要是不懂得怎样处人，那你至少不要吭声。多听听别人的。你是在他的掌心里。你的工资是靠他拿的，尽管只有那么一点点儿，可是每个月都有得拿。要是没有了工资，你又算什么呢？那么大年纪了，一点脑筋都没有……”

老人家没有搭腔。奶奶也不响了。过了一会儿又突然出人意料地大声说：

“要是一个人没有工资拿，那就不算人了。那就什么也不是。”

老人家还是一声不响。

孩子睡不着。头疼，脑子里也很乱。想到学校，心里就发急。他还从来没有缺过一天课呢。他现在不能想象，要是明天不能到杰列赛去上学，那会怎么样。孩子还想到，要是奥罗兹库尔辞掉了爷爷的工作，奶奶就会叫爷爷没法过日子。到那时候，他们又该怎么办呢？

为什么人世间会这样呢？为什么有的人歹毒，有的人善良？为什么有的人幸福，有的人不幸？为什么有的人大家都怕，有的人谁也不怕？为什么有的人有孩子，有的人没有孩子？为什么有的人就可以不发给别人工资？大概，最了不起的人就是那些拿工资最多的人。爷爷就因为拿得少，所以大家都欺侮他。唉，能有办法让爷爷也多拿些工资就好了！也许，到那时候，奥罗兹库尔就会尊敬爷爷了。

孩子这样乱糟糟地想着，想得头越来越疼了。他又想起了傍晚时在河对岸滩上看到的那三头鹿。夜里它们在那里怎么过呢？它们孤零零地待在冰冷的石头山里，待在伸手不见五指的漆黑的森林里啊。那是很可怕的。万一有狼向它们扑来，那可怎么办？谁还会把神奇的摇篮挂在角上给别盖伊姨妈送来呢？

孩子心事重重地睡去。蒙眬中他还在祈求长角鹿妈妈送一只桦木摇篮给奥罗兹库尔和别盖伊姨妈。“让他们有孩子吧，让他们有孩子吧！”他这样恳求长角鹿妈妈。于是他听到了远处摇篮挂铃的叮当声。长角鹿妈妈急急忙忙赶来了，角上挂着神奇的摇篮……

七

一大早，孩子被一只手抚摩醒了。爷爷的手很凉，他刚从外面来。孩子不由得瑟缩起来。

“躺着，躺着，”爷爷呵热了手，摸了摸他的额头，然后又把手掌放到他的胸口，放到肚子上。“你大概是生病了，”爷爷担心地说，“你身上滚烫的。可是我还在想：他怎么还躺着呀？该上学了啊。”

“我马上就起来，马上就去，”孩子抬起头来，只觉得眼前的一切都旋转起来，耳朵里嗡嗡价响。

“快别起来。”爷爷把他按到枕头上，“你生病，谁会送你去上学？来，把舌头伸出来看看。”

孩子还是要起来去上学：

“老师要骂的。她最不喜欢有谁缺课……”

“不会骂的。我去对她说说。快，把舌头伸出来。”

爷爷仔细看了看孩子的舌头和喉咙。按了老半天脉搏。爷爷那干粗活磨得又粗又硬的手指，十分神妙地在孩子滚烫、汗腻的手上探索起心的搏动。老人家心里有了数，于是宽慰地说：

“谢天谢地。还算好，有点儿伤风。你是着了凉。今天你就躺在被窝里好啦，睡觉前我用温热的羊尾巴油给你擦擦脚心和胸口。出一身透汗，兴许明天早上就能起床，又像匹小野驴一样了。”

莫蒙想起昨天的事，想到还可能发生的事，脸色就阴沉下来，坐到外孙被窝里，叹了一口气，沉思起来。“随它去吧！”他又叹了一口气小声说。

“你这是什么时候病的？你怎么不说呢？”他对孩子说，“昨天晚上病的，是不是？”

“是昨天傍晚。我当时看到河对面有鹿，就跑回来告诉你。后来就觉得冷起来。”

老人家不知为什么用一种负疚的语调说：

“噢，是这样……你躺着吧，我出去一下。”

他起身要走，但是孩子叫住了他：

“爷爷，那就是你说的长角鹿妈妈，是吗？那一头白的，像牛奶一样白，那眼睛看起人来，就像人的眼睛一样……”

“你这傻孩子，”莫蒙老汉很不自然地笑了笑，“好吧，就算像你说的那样。也许，那就是它，”他低声说，“也许那就是仙鹿妈妈，谁又说得准呢？……可是，我想……”

爷爷的话没有说完。门口出现了奶奶。她匆匆忙忙从外面赶来，她已经探得了一些情况。

“快去，老头子，到那里去。”奶奶一进门就说。莫蒙爷爷一听这话就垂下了头，显出一副可怜、丧气的样子。“他们在那里想用汽车把木头从河里拖出来，”奶奶说，“你赶快去，叫你做什么，你就做什么……噢哈，天啊，牛奶还没有烧呢！”奶奶忽然想了起来，便去生火、拿碗碟。

爷爷皱起了眉头。他想反驳，想说点什么。可是奶奶不让他开口。

“去吧，你呀，还愣着干什么？”奶奶火了，“你还犟什么？咱们没什么好犟的，你呀，真够我受的。你有什么本钱跟人家顶？你看看，来找奥罗兹库尔的都是一些什么样的人？他们的汽车又是什么样子的？就是装十根大木头在山里开也没事儿。奥罗兹库尔睬都不睬咱们。不管我怎么劝，怎么求他，都没有用。他不叫你女儿进门。你那不生不养的女儿还待在谢大赫玛特家里。眼睛都哭肿了。她在骂你，怪你没有脑筋……”

“好啦，够了，”爷爷听不下去了，一面向门口走去，一面说：“给他喝些热牛奶，这孩子是病了。”

“给他喝，我会给他喝热牛奶的，去吧，去吧，行行好吧。”她送走了爷爷之后，还在嘟哝：“他是中了什么邪了？从来没有顶撞过谁，平时低声下气，见人矮一等，谁知一下子会这样！还敢骑奥罗兹库尔的马，骑上就跑。这都是因为你，”她恶狠狠地朝孩子瞪了一眼，“值得为这样一个孩子去闯祸……”

过了一会儿，她端来一碗浮着一层滚烫的黄油的热牛奶。牛奶烫嘴。可是奶奶硬是要逼着他喝：

“快喝，趁热喝，别怕。喝热的才能治好伤风。”

孩子烫得眼泪都流了出来。于是奶奶一下子心软了：

“好吧，就凉一凉，稍微凉一凉好啦……真倒霉，偏偏在这种时候生病！”她叹了一口气。

孩子早就憋不住要撒尿了。他爬了起来，只觉得浑身软绵绵、晕乎乎的，一点力气都没有。好在奶奶猜到了：

“等一等，我来给你拿尿盆。”

孩子不好意思地转过身去，将尿撒到尿盆里，他觉得奇怪：尿那样黄，那样热。

他感到轻快多了。头也不那么疼了。

孩子安静地躺在被窝里，他很感激奶奶的照料，并且心里在想，明天早晨病一定会好的，而且一定要去上学。他还在想，他到学校里怎样来讲他们森林里来的三头鹿，他要讲讲，那头雪白的母鹿就是长角鹿妈妈，它身边那一头小鹿，已经很大很结实了，还有一头强壮的、角特别粗的褐色公鹿，公鹿十分威武，有它保护着长角鹿妈妈和小鹿，是不怕狼的。他想，他还要告诉大家，要是鹿留在他们这里，不往别处去了，那样的话，长角鹿妈妈不久就会给奥罗兹库尔姨父和别盖伊姨妈送一只神奇的摇篮来的。

清晨，三头鹿下山来喝水。当短暂的秋日的太阳在山脊上露出半边脸的时候，三头鹿便从上面的林子里走了出来。太阳越升越高，山下越来越明亮，越来越暖和。森林沉睡了一夜之后，又醒来了，又显得绚丽多彩，一派生气。

三头鹿不慌不忙地在树丛中走着，时而在林中空地上晒晒太阳，时而扯几口树枝上带露水的树叶。三头鹿还是按原来的次序往前走：前面是大角的公鹿，中间是小鹿，最后是腹部下坠的母鹿,也就是长角鹿妈妈。鹿所走的路,正是昨天奥罗兹库尔和莫蒙爷爷往河边拖那根惹祸的木头的路。拖木头的痕迹还留在黑色的山土上,就像刚刚犁出、还到处是破碎的草土块的犁沟。这条路正是通向滩上的,卡在河底石头里的那根松木还留在那里。

鹿爱往这里来,因为在这里喝水很方便。奥罗兹库尔、谢大赫玛特和两个来装木料的人也正朝这里走,他们是想看看怎样能把汽车开得离木头更近些,以便用缆绳把木头从河里拖上来。莫蒙爷爷低着头畏畏缩缩地跟在大家后面走着。他不知道,昨天闹了一场之后,他该怎么办,拿出什么样子,做些什么事情。奥罗兹库尔准不准他干活儿呢?会不会像昨天他想用马去拖木头的时候那样,又把他赶回去呢?要是奥罗兹库尔说:"你来这里干什么?对你说过了嘛,你已经给开除了!"那又怎么办?要是奥罗兹库尔当着大家的面臭骂他一顿,把他撵回家,那又怎么办?老人家顾虑重重地走着,就像去受刑一样,不过还是走着。奶奶还跟在后面。她好像随随便便地走着,好像是去看热闹的。但实际上她是在押送老头子。她撵着快腿莫蒙去同奥罗兹库尔和解,撵着他前去做事,以求得奥罗兹库尔的宽恕。

奥罗兹库尔神气活现地大步走着,摆出一副当家人的派头。他一面走,一面大声地哼哼哈哈,威风十足地朝两边张望。虽然因为酒喝多了,他的头还在疼,但他觉得出气出得痛快。他一回头,看到莫蒙爷爷跟在后面,就像一条被主人打了一顿、依然忠心耿耿的狗。"等着瞧吧,我叫你尝的苦头还在后头呢。我现在睬都不睬你,只当没有你这个人。你早晚还得跪倒在我的脚下!"奥罗兹库尔想起昨天晚上他用脚踢老婆,踢她出门的时候,她在他脚下不要命地嚎叫的情形，不禁得意起来。“就这样好！等我把这两个装木头的人打发走了，我还要把他们父女弄到一起咬一场呢。这会儿她恨不得要把老头子的眼睛挖出来。她简直疯了，像只母狼一样，”奥罗兹库尔同一个来人边走边谈，在谈话的间隙里这样想着。

同他谈话的人叫科克泰。这是一个黑黑的、粗壮的汉子，是湖滨地区一个集体农庄的会计。他跟奥罗兹库尔已有多年的交情。十二年前科克泰自己造了一座房子。奥罗兹库尔供应过木料。他将原木贱卖给他锯板。后来他给大儿子娶媳妇，又给新婚夫妻造了房子，也是奥罗兹库尔供应他木料。现在科克泰要将小儿子分出去，又需要木料造房子了。又是亏得老朋友奥罗兹库尔答应帮忙。没法子，过日子真难啊！一样事做过了，就想，好啦，这下子可以安安生生地过下去了。谁知过着过着，又出现了新难题。现在不找奥罗兹库尔这样的人又不行了……

“要是一切顺利的话，不久就可以请你吃新房酒了。到时候你来，咱们好好地喝几杯，”科克泰对奥罗兹库尔说。

奥罗兹库尔得意扬扬地嗞嗞地抽着香烟，喷着烟圈：

“谢谢了。有人相请，却之不恭；无人相请，不能强求。只要你来叫，我一定到。我去你家做客已经不是头一回了。不过，现在我在想：你是不是等到晚上，趁天黑把木料运出去？要紧的是，经过农场时不要被人发觉。要不然，万一被截住……”

“这话倒也不错，”科克泰犹豫起来，“不过，到晚上，还得等很长时间。还是悄悄地走吧。我们这一路不是没有检查站吗？……不过，万一碰上民警或者别的什么人……”

“就是这话了！”奥罗兹库尔嘟哝说。他因为胃里发烧和头疼，难过得皱着眉头。“因为公事在路上跑上一百年，连条狗都碰不上；可是在这一百年当中运一趟木料，说不定就会出事。事情往往就是这样……”

他们都不作声了，各人想着各人的事。奥罗兹库尔想到昨天不得不把木头丢在河里，感到十分恼火。要不然的话，木头是现成的，夜里就可以装上车，天蒙蒙亮就可以把汽车打发走了……唉，真倒霉，偏偏昨天出这种事！这都怪老浑蛋莫蒙，他竟敢造反，想跳出掌心、不服管了。好的，你就瞧着吧！别的事能饶你，这种事不会马马虎虎放过你的……

鹿在对岸喝水，这时几个人来到河边。这些人真是怪物，那样忙忙碌碌，吵吵嚷嚷。他们忙着自己的事情，忙着说话，竟没有发现站在对面、只有一河之隔的鹿。

三头鹿站在朝露未干的红红的河滩林的树棵子中，站在齐踝骨深的岸边浅水里，脚下是洁净的砂砾。鹿一小口一小口地喝着水，不慌也不忙，喝喝停停。水是冰冷的。鹿一面喝水，一面晒太阳。太阳晒得身上越来越暖和，越来越舒服。一路上从枝头落在背上的很多露水慢慢干了。三头鹿的背上都冒着淡淡的水汽。这是一个非常宁静、非常惬意的早晨。

几个人一直没有发现鹿。一个人回去开汽车，其余的人还站在河边。三头鹿不时地摆动着耳朵，仔细倾听着偶尔传来的人声。当带拖车的汽车在对岸出现时，三头鹿不禁一怔，浑身抖了一下。汽车轰隆哐啷地开了过来。三头鹿动了一下，打算走开。但是汽车忽然停了下来，不再轰隆哐啷地响了。鹿迟疑了一下，后来还是小心翼翼地离开了：因为对岸人们说话的声音太大，而且动作太紧张了。

鹿顺着矮矮的河滩林中的小路慢慢走去，鹿的背和角不时地从树棵子里露了出来。这边的人还是没有发现它们。直到鹿穿过山洪冲出的开阔的干沙滩时，人们才清清楚楚地看到了它们。在淡紫色的沙滩上，在明亮的阳光照耀下，三头鹿分外显眼。几个人全都呆住了，全都张大了嘴巴，各人保持着各人的姿态。

"看，看，那是什么！"谢大赫玛特第一个叫了起来。"梅花鹿！咱们这地方哪里来的鹿？"

"你叫什么，有什么好嚷的？这哪里是梅花鹿，这是马鹿。我们昨天就看到的，"奥罗兹库尔大大咧咧地说。"哪里来的鹿？不用说，是外面来的呗。"

"乖乖，乖乖，好极了！"粗壮的科克泰高兴地喊。他由于兴奋，解开了勒得喉咙难受的衬衣领子。"一身好膘，"他兴奋地说，"吃得真肥……"

"那头母鹿多肥！瞧，它走路的样子，"司机瞪大了眼睛，接他的话头说。"真的，就像一匹两岁的母马。我还是头一回看见呢。"

"那公鹿有多棒！瞧，好大的角！它怎么能顶得动啊？！而且一点也不怕人。奥罗兹库尔，这鹿是从哪里来的呢？"科克泰追问说。他那小小的猪眼睛忽闪忽闪的，露出贪婪的神色。

"不用说，是保护区跑来的，"奥罗兹库尔带着当家人的气派、大模大样地回答说。"是从那边翻山过来的。为什么不怕人？从来没受过惊吓，所以就不怕人。"

“嘿，这会儿有支猎枪就好了！”谢大赫玛特突然随口说。“能搞到几百公斤鹿肉，不是吗？”

一直畏畏缩缩地站在一边的莫蒙忍不住了。

“谢大赫玛特，你不要乱说。鹿是不准许打的。”他小声说。

奥罗兹库尔用阴沉的目光朝老人家斜瞟了一眼。“你还敢在我这里多嘴！”他恨恨地想。他想狠狠地臭骂他一顿，可是他忍住了。毕竟有外人在场。

“用不着来教训人，”他看也不看莫蒙，恼火地说。“在养鹿的地方，鹿是不准打的。我们这地方不是养鹿的。我们用不着管这一套。明白吗？”他咄咄逼人地望着张皇失措的莫蒙。

“明白。”莫蒙顺从地回答说。说完，就低下头，走到一旁。

这时，奶奶又一次偷偷地拉了拉他的袖子。

“你能不能不作声？”她小声责备他。

大家不知为什么不好意思地垂下了眼睛。接着又一齐去看那几头顺着陡峭的小路越走越远的鹿。鹿一个跟着一个，正在朝陡峭的岸上攀登。褐色的大公鹿倨傲地擎着它那威武的大角，走在最前面，随后是没长角的小鹿，殿后的是长角鹿妈妈。在纯净的黏土断层背景上，三头鹿的身影显得非常清晰、非常优美。鹿的每一动作、每一步都历历在目。

“嘿，真美啊！”司机不禁赞叹起来。这是个暴眼睛的年轻小伙子，样子非常斯文。“真可惜，没有带照相机，要不然的话……”

“好啦，美，美够了，”奥罗兹库尔不以为然地打断了他的话。“别站着了。美不能当饭吃。你快把汽车朝河边倒开，开进水里，尽量开近些。谢大赫玛特，你脱掉靴子，”他吩咐说。他觉得自己大权在握，心里得意极了。“你也去，”他又指挥司机。“你们去把缆绳拴到木头上。动作快一点。还有事情呢。”

谢大赫玛特使劲脱脚上的靴子。靴子太紧了。

“别发愣，去帮帮他，”奶奶暗暗地捅了捅老头子，“你也脱掉靴子，也下水去。”她恶狠狠地小声催促他。

莫蒙爷爷跑去帮谢大赫玛特脱下靴子，自己也很快地脱掉靴子。这时，奥罗兹库尔和科克泰在指挥汽车：

“朝这边，朝这边来。”

“往左边一点儿，往左。就这样。”

“再开近点儿。”

走在小路上的鹿听到下面又传来不习惯的汽车马达声，加快了步子。慌慌张张地回头望了几次，就跳上陡岸，钻进桦树林里。

“啊，跑掉啦！”科克泰好像猛醒过来。他的叫声带着一种惋惜的意味，就好像已经到手的东西又跑掉了。

“没关系，跑不掉的！”奥罗兹库尔猜到了他的意思，并且因此很得意，就夸口说。“今天晚上你别走啦，我来请客。算你有口福。我请你好好地吃一顿。”他哈哈大笑，拍了拍朋友的肩膀。奥罗兹库尔也会高兴的。

“好的，要是这样的话，那我遵命，——你既然请我，我就叨光了，”粗壮的科克泰表示接受邀请。他笑得露出了黄黄的大板牙。

汽车已经开到河边，后轮有一半已经在水里。司机不敢冒险再往深处开了。现在得把缆绳拉到木头跟前。要是缆绳够长的话，用不着费多大的事，就可以把木头从水底石头夹缝里拉出来了。

缆绳是钢丝编的,又长又重。必须下到水里,把缆绳拖到木头跟前。司机很不情愿地脱着靴子,担心地望着河水。他还没有最后拿定主意:穿了靴子下水好呢,还是脱掉靴子好?“恐怕还是光着脚好,”他想,“反正水是要灌进靴筒的。水这样深,差不多要到大腿了。水要是灌进靴筒,就得穿一整天湿靴子。”可是,他也想象得出,这会儿河里的水该有多冷。于是莫蒙爷爷就抓住了这一时机。

“孩子,你别脱靴子了,”他跑到司机跟前说,“我和谢大赫玛特下去好啦。”

“这可使不得,老大爷。”司机不好意思地推却说。

“你是客人,我们是自家人,你就开车好啦。”莫蒙爷爷劝他说。

当莫蒙爷爷和谢大赫玛特将短棒穿进绕成圈儿的钢缆,拖到水里去的时候,谢大赫玛特尖着嗓门儿喊叫起来:

“哎呀呀,这哪里是水,这是冰!”

奥罗兹库尔和科克泰大大咧咧地笑着,给他打气:

“忍一忍,忍一忍吧!等会儿有东西给你暖身子!”

莫蒙爷爷却一声不响。那彻骨的寒冷他甚至都没有感觉到。为了尽量不引起注意,他将头缩着,一面光着脚在溜滑的水底石头上走,一面只顾祷告真主,但愿奥罗兹库尔不要叫他回去,不要撵他走,不要当着众人臭骂他,但愿能饶过他这个不幸的糊涂老头子……

奥罗兹库尔也什么都没有说。他仿佛没有注意到莫蒙在赔小心,没有注意到这个人。然而心中却洋洋得意,觉得他终于把造反的老头子制服了。“这样就对了，”奥罗兹库尔阴险地暗笑着，“爬过来，跪在我的脚下了。可惜我的职权还不大，要不然，再神气的人我都能制得服服帖帖的！不管有多神气，我都能叫他们在地上爬。就给我一个集体农庄或者国营农场也好。我一定能管得好好的。现在的领导人对老百姓太纵容了。可他们自己还要抱怨，说大家对主席不尊重啦，对场长不尊重啦。随便哪一个放羊的，都要跟领导人平起平坐。糊涂蛋，不配掌权！难道对待底下人能够这样吗？从前的时候，人头纷纷落地，可是没有人敢吱一声。那才像个样子！可是现在又怎样呢？连顶窝囊的人也顶撞起人来了。好吧，你就给我爬吧，爬吧，”奥罗兹库尔得意地想着，只是偶尔朝莫蒙望上一眼。

莫蒙这时正冻得抽搐成一团，跟谢大赫玛特一起蹚着冰冷的水将钢缆朝前拖，而且他觉得奥罗兹库尔好像饶过了他，正因此感到高兴呢。“你饶了我这个老头子吧，我不是有意的，”他在心里对奥罗兹库尔说，“昨天我实在出于无奈，才骑上马跑到学校去接外孙。他没爹没娘，不能不怜惜他啊。今天他就没去上学。害起病来了。忘了吧，别计较吧。你跟我也不是外人。你以为，我不希望你和我女儿幸福吗？要是真主开恩，要是我能听到我那女儿、也就是你妻子的新生婴儿的哭声，我就立地死去，也心甘情愿。我敢发誓，我一定会高兴得哭起来。但求你别欺侮我女儿，但求你对我别计较。要说干活吗，只要我还有一口气，我就干下去。什么事我都做得好好的。你只要说一声就行……”

奶奶站在河边，打手势，做样子，向老头子示意：“使劲干吧，老头子！你看，他饶了你了。你照我说的去做，一切都会平安无事的。”

孩子在睡觉。他只醒过一次，是一声枪响把他震醒的。随后又睡着了。昨天夜里又生病，又没有睡好，他太困乏了；今天他就睡得很香、很安稳。他在睡梦中都感觉到，这会儿不发冷也不发烧了，自由自在地舒展着身体，躺在被窝里有多么舒服。要不是奶奶和别盖伊姨妈的话，他恐怕还要睡很久的。她们尽量把说话的声音压得很低，但是拿碗盏时弄出了响声，于是孩子醒了过来。

“你拿着这个大碗。再拿一个盘子，”奶奶在前面房里兴致勃勃地小声说，“我来拿桶和箩。哎呀，我的腰呀！真够呛。咱们干了多少事啊。可是，谢天谢地，我太高兴了。”

“噢唷，这还用说，妈妈，我也太高兴了。昨天我简直不想活了。要不是古莉查玛，我早就寻死了。”

“可不能这样想，”奶奶开导她说，“胡椒拿了没有？走吧。是老天爷将礼物送上门，让你们和好的。走吧，走吧。”

临出门时，别盖伊姨妈在门口向奶奶问起孩子：

“他还睡着吗？”

“让他睡一会儿好啦，”奶奶回答说，“等肉烧好了，趁热给他端一碗肉汤来。”

孩子再也睡不着了。外面有很多人的脚步声和说话声。别伊盖姨妈在笑，古莉查玛和奶奶也一齐跟着她笑。

还有一些不熟悉的声音。“这大概是夜里来的人，”孩子心想，“就是说，他们还没走哩。”就是没有听到爷爷的声音，也没有看到爷爷。他在哪里呢？在干什么呢？

孩子听着外面的声音,盼着爷爷回来。他很想跟爷爷讲讲昨天他看到的鹿。冬天很快就要到了。应当在林子里多给鹿留一些干草。好让它们吃。要把鹿养熟,让它们一点不怕人,还要让它们一直过河到这边来,到院子里来。来到这里,要给它们吃一些它们顶喜欢吃的东西。真想知道,它们顶喜欢吃什么呢?最好能把小鹿养熟,让它跟着他到处跑。那才有意思哩!也许,还要跟他一起去上学呢……

孩子在盼爷爷,可是爷爷没有来。谢大赫玛特却忽然来了。不知因为什么他非常开心。快活极了。他摇摇晃晃,自己对自己笑着。他来到眼前,一股酒气冲人的鼻子。孩子很不喜欢这种又臭又辣的气味,闻到这种气味,就想起奥罗兹库尔的蛮横,想起爷爷和别盖伊姨妈的苦楚。但谢大赫玛特和奥罗兹库尔不同,他喝了酒,就变得和气、高兴起来,而且完全成了一个十分随和、傻里傻气的人,虽然他清醒时也算不上聪明。在这种时候,在他和莫蒙爷爷之间常常会有大致如下的一番对话:

"谢大赫玛特,你傻笑什么?打架打够了吗?"

"大爷,我太喜欢你了!说真话,大爷,我拿你当亲爹看。"

"唉,你年纪轻轻的,真可惜呀!别的小伙子都会开汽车,可是你连自己的舌头都摆弄不好。我要是在你这样年纪,至少也要坐坐拖拉机。"

"大爷,部队首长对我说过,我在这方面不行。不过,大爷,我是步兵,没有步兵,到哪里都不行……"

"还步兵哩!你是懒蛋,不是步兵。可是,你看你老婆……老天爷没长眼睛。有一百个像你这样的人,也抵不上一个古莉查玛。"

“所以，大爷，我们就待在这里好，因为在这里只有我一个，她也是一个。”

“跟你没有什么好讲的！身子结实得像一头牛，可是，脑筋呢……”莫蒙爷爷失望地将手一摔。

“哞哞哞……”谢大赫玛特学起牛叫，跟在老人家后面笑着。

走了几步，又在院子当中站了下来，唱起他那支古里古怪的、不知从哪里听来的歌：

我骑红马下了红山，
叫一声穿红衣老板：
请你把门儿开开，
快点儿把红酒拿来！

我骑褐牛下了褐山，
叫一声穿褐衣老板：
请你把门儿开开，
快点儿把褐酒拿来！……

可以这样没完没了地唱下去，因为他下山可以骑骆驼、骑公鸡、骑老鼠、骑乌龟，可以骑一切能走动的东西。喝醉了的谢大赫玛特甚至比清醒时更叫孩子喜欢。

所以，当一身酒气的谢大赫玛特来到时，孩子很亲热地对他笑了。

“哈！”谢大赫玛特惊异地叫起来，“我听说你病了。可是你根本没病。你为什么不到院子里玩玩去？这样可不行……”他倒在孩子的被窝上，一阵酒气扑来，他的手上和衣服上还有一股新鲜的生肉气味。他缠着孩子，又逗又吻。他腮上那又粗又硬的胡子扎得孩子的脸生疼。

“好啦，够了，谢大赫玛特叔叔，”孩子央求说，“爷爷在哪里？你没看到他吗？”

“你爷爷就在那里，真的，”谢大赫玛特的两手在空中划了一圈，叫人弄不清是什么意思。“是我们……我们把木头从水里拖出来。就喝了点酒暖暖身子。这会儿他正在烧肉呢，真的。你快起来。穿好衣服，咱们一块儿去。这怎么行！这可不对头。我们大家都在那里，你却一个人在这里。”

“爷爷不叫我起来。”孩子说。

“算了吧，你爷爷没这样说。咱们瞧瞧去。这种事儿可不是天天有的。今天是大开荤。碗也泡在油里，勺子也泡在油里，嘴也泡在油里！快起来！”

他用酒后格外笨拙的手来给孩子穿衣服。

“我自己穿。”孩子隐隐地感到一阵阵头晕，想不叫他穿。

但是喝了酒的谢大赫玛特不听这一套。他认为这是在做好事，因为他觉得不该把孩子一个人丢在家里，今天又是这样的日子：碗也泡在油里，勺子也泡在油里，嘴也泡在油里……

孩子摇摇晃晃地跟着谢大赫玛特走出屋子。这一天山里有风，多云。云块在天上迅速移动着。孩子走下台阶的工夫，天气就剧烈地变化了两次，从阳光耀眼的晴天，一直变成暗沉沉的阴天。孩子因此感到头疼起来。一阵风吹来，将一股柴火的烟气吹到他脸上。熏得眼睛非常难受。“大概今天又洗衣服了。”孩子心想。因为往常在大洗衣服的日子总是在院子里生一堆火，支一口老大的黑锅烧水供三家人使用。这口锅一个人是拿不动的。别盖伊姨妈和古莉查玛两个人才能抬得动。

孩子很喜欢大洗衣服的日子。第一，在露天里生火堆，就可以玩玩火，这在房子里是办不到的。第二，将洗好的衣服晾开来是非常有趣的。那一件件的衣服，挂在绳子上，有白的、蓝的、红的，点缀得院子里非常好看。孩子还喜欢悄悄地走到挂在绳子上的衣服跟前，拿脸去蹭蹭湿乎乎的衣服。

这一次，院子里一件衣服也没有。可是，铁锅底下的火烧得正旺，热气从烧滚的铁锅里扑扑地直往外冒，铁锅里装满了大块大块的肉。肉已经煮熟了：肉香和烟火气直钻人的鼻子，引得人馋涎欲滴。别盖伊姨妈穿着红色的新连衫裙、新皮靴，裹着披到肩头的花头巾，正在火边弯着身子，用大汤勺在撇泡沫。莫蒙爷爷跪在她旁边，在拨弄锅底下的柴火。

"瞧，你爷爷在那里，"谢大赫玛特对孩子说，"去吧。"

他刚刚开始唱：

我骑红马下了红山，
叫一声穿红衣老板……

只见手执斧头、挽着袖子、剃光了头的奥罗兹库尔从棚子里钻了出来。

"你跑到哪里去啦？"他厉声喝问谢大赫玛特，"客人在这里劈柴，"他朝正在劈柴的司机指了指，"你倒唱起歌来了。"

"来了，马上就好，"谢大赫玛特一面说着，一面朝司机走去。“给我吧，老弟，我自己来。”

这时孩子来到跪在火边的爷爷跟前。他是从爷爷背后走过去的。

“爷爷。”他叫道。

爷爷没有听见。

“爷爷。”孩子又叫了一声，捅了捅爷爷的肩膀。

老人家回过头来，孩子简直认不得他了。爷爷也喝得醉醺醺的。孩子真不记得他什么时候看到爷爷喝过酒。要说有过这样的事，那也只是在伊塞克湖畔一些老人的丧宴上，在丧宴上，所有的人，包括女人在内，都是要喝酒的。但是像这样无缘无故地喝酒，爷爷还不曾有过。

老人家向孩子投来一种疏远、奇怪而粗野的目光。他的脸热辣辣的、红红的，当他认出外孙时，他的脸更红了。满脸通红通红的，但马上又变得煞白煞白的。爷爷慌忙站了起来。

“你怎么啦，嗯？”他将外孙搂到怀里，低声说，“你怎么啦，嗯？你怎么啦？”除了这句话，他什么都说不出来，好像他失去了说话的能力。

他的慌张不安，引起了外孙的慌张不安。

“你病了吗，爷爷？”孩子担心地问。

“没有，没有。我没什么，”爷爷含含糊糊地说，“你去吧，去玩一会儿。我在这里烧火呢，真的……”

他几乎是把外孙一把推开，好像他再也不管世上的一切，又转身去烧起火来。他跪在那里，头也不回，哪里也不去望，只顾烧火。老人家没有看见，外孙不知所措地愣了一会儿，就朝着正在劈柴的谢大赫玛特走去。

孩子不知道爷爷是怎么回事,也不知道这会儿院子里是怎么回事。直到他走到棚子跟前,才注意到有一大堆鲜红鲜红的肉堆在一张兽皮上。那张兽皮毛朝下摊在地上,兽皮边上还流着一道道模糊的鲜血。远处,在扔脏东西的地方,狗一面呜噜呜噜地哼叫着,一面撕食扔掉的下水。在肉堆旁边,有一个大块头、黑脸膛的陌生人像块大石头一样蹲在那里。这就是科克泰。他和奥罗兹库尔手里都拿着刀在割肉。他们心安理得、不慌不忙地将分割开的带骨头的肉分几堆放在摊开的兽皮上。

“美极啦! 这气味多好闻啊!”粗壮的黑脸汉子一面拿了一块肉闻着,一面瓮声瓮气地说。

“拿去,拿去,放到你那一堆里吧,”奥罗兹库尔很大方地对他说,“这是天赐美味,迎接你的光临。这种事可不是天天都能碰得到的。”

奥罗兹库尔说这话时不住地哼哧哼哧喘着粗气,他时常站起来,抚摩几下他那胀鼓鼓的肚子,他好像吃得太饱了,并且一眼就能看出,他已经喝了不少酒。他又是哼哧哼哧地喘粗气,又是仰头,都是为了缓气。因为得意和醉饱,他那像奶牛乳房一样的肉嘟嘟的脸变得油光油光的。

当孩子看到棚子墙根下带角的鹿头时,不禁毛骨悚然,浑身冰凉。砍下来的鹿头就扔在土地上,地上是一片片黑乎乎的血迹。这鹿头很像被扔在路旁的一块带树枝的木头疙瘩。鹿头旁边还放着四条带蹄的腿,是从膝关节处斫下来的。

孩子胆战心惊地望着这一可怕的场面。他简直不相信自己的眼睛。他面前是长角鹿妈妈的头。他想跑开，但是两脚不听使唤。他站在那里，望着血肉模糊、已无生气的白色母鹿的头。就是它，昨天还是长角鹿妈妈，昨天还在对岸用和善而亲切的目光望他；就是它，昨天他还在心里跟它讲话，求它用角送一只带铃铛的神奇的摇篮来。这一切一下子就变成了乱糟糟的一堆肉、一张剥下来的皮、斫断的腿和扔在一旁的头。

他是要走开的。可是他还是呆呆地站在那里，他不懂，怎么会这样的，为什么会这样的。那个正在割肉的粗壮的黑汉子用刀尖从肉堆里挑出一块鹿腰子，递给孩子。

“拿去，孩子，到炭火上烤一烤，才香哩！”他说。

孩子动也没动。

“拿去吧！”奥罗兹库尔吩咐说。

孩子木然地把手伸了过去，他还是站在那里，冰冷的手里握着还很热乎、很软和的长角鹿妈妈的腰子。这时候，奥罗兹库尔抓住鹿角，提起了白母鹿的头。

“嘿，好沉啊！”他掂了掂鹿头说。“单是鹿角就够重的了。”

他将鹿头侧着放在木墩上，抓起斧头就来劈鹿角。

“这鹿角真不差！”他一边说，一边用斧头朝鹿角生根处咔嚓咔嚓地直劈。“咱们劈下来给你爷爷，”他朝孩子挤了挤眼睛。“等他一死，咱们就把鹿角放到他坟上。让人去说咱们不孝敬他好啦。还要怎样孝敬？有了这样一对鹿角，哪怕今天就死，也不亏啦！”他哈哈大笑，一边拿斧头瞄着。

鹿角纹丝不动。原来，要把鹿角劈下来，并不那么容易。喝醉了的奥罗兹库尔老是劈不准，越是劈不准，他越恼火。鹿头从木墩上落到地上。于是奥罗兹库尔就在地上劈起来。鹿头一再地蹦了开去,他就拿着斧头跟着劈去。

孩子打着哆嗦,每劈一下,他都不由自主地朝后一退,但是他又不能离开这里。就像做着一个噩梦,他被一种可怕的、不可理解的力量钉在了地上。他站在那里,感到十分惊愕:长角鹿妈妈那一动不动、毫无表情的眼睛竟一点也不理会斧头,眨都不眨一下,也不吓得眯起来。头早就在泥里、土里打了许多滚,可是眼睛还是清澈的,而且好像依然带着死时一声不响、呆然不动的惊愕神情望着世界。孩子真怕喝醉了的奥罗兹库尔劈到眼睛上。

鹿头还是纹丝不动。奥罗兹库尔越来越恼火,越来越蛮,他再不管那一套,不管是斧背还是斧刃,举起斧头朝鹿头上乱砸。

“你这样会把鹿角砸坏的。让我来!”谢大赫玛特走了过来。

“滚吧!我自己来!砸不坏的!”奥罗兹库尔一面抡着斧头,一面声嘶力竭地喊。

“好,那就随你的便吧。”谢大赫玛特吐了一口唾沫,朝自己家里走去。

那个粗壮的黑汉子跟着他走去,那人用麻袋背着自己分到的肉。

奥罗兹库尔酒后却特别固执,他继续在棚子外面劈长角鹿妈妈的头。看那架势,他好像是在报多年的冤仇。

“你这混账东西!”他口吐白沫,用靴子踢着鹿头,好像死鹿的头能够听见他说话似的。“哼,你休想捣蛋!”他抡起斧头,一斧又一斧地劈去。“要是制服不了你,我就改姓了。叫你试试看!试试看!”他猛力劈去。

鹿头破裂了，碎骨片四面飞去。

当斧头恰巧碰到眼睛时，孩子哇地叫了一声。

破裂的眼珠里迸出浓浓的黑汁。眼睛不亮了，没有了，眼窝空了……

“再硬的头我也能砸个稀巴烂！再硬的角我也能劈断！”奥罗兹库尔对无辜的鹿头感到说不出的恼怒和仇恨，还在不住地吼叫着。

终于，他把鹿的头顶骨和额头全劈开了。于是他扔下斧头，用脚将鹿头踩在地上，两只手抓住鹿角用野兽般的力气扭将起来。他拼命地撕扯，鹿角咔嚓咔嚓地响着，就像树根断裂时那样。这就是那一对角，孩子就是祈求长角鹿妈妈用这对角送一只神奇的摇篮给奥罗兹库尔和别盖伊姨妈的……

孩子感到一阵恶心。他转过身，手里的鹿腰子掉到地上。他慢慢地走了开去。他真怕自己会跌倒，或者当着别人的面一下子呕吐起来。他的脸煞白煞白的，额头上冒着黏糊糊的冷汗，来到铁锅旁边。铁锅底下的火正熊熊燃烧着，一团团的热气从锅里直往外冒，可怜的莫蒙爷爷依然背对着大家坐在那里烧火。孩子没有去惊动爷爷。他想快一点到被窝里躺下来，连头蒙起来。什么都不去看，什么都不去听。忘掉……

他迎面碰到了别盖伊姨妈。她打扮得很妖艳，但是，被奥罗兹库尔打得青一块紫一块的伤痕还留在脸上。她高兴得有点儿反常，她那瘦瘦的身影今天来来回回地跑个不停，为“大开荤”忙活着。

“你怎么啦?”她喊住了孩子。

“我头疼。”孩子说。

“哎呀，我的好孩子，你生起病来了。”她忽然动了感情，并且拼命地吻起他来。

她也喝得醉醺醺的，身上也发出叫人恶心的酒气。

“这孩子头疼起来了，”她心疼地说，“我的好孩子！你大概想吃点东西吧？”

“不，不想吃！我想睡觉。”

“那好吧，咱们走，我带你去睡觉。你干吗一个人孤单单地去睡觉？大伙儿都要上我家里热闹去。也有客人，也有咱们自己家里人。肉也烧好啦。”她便拉着他朝她家里走去。

当他们两个人从铁锅旁边走过时，浑身是汗、脸红得像红肿的乳房一样的奥罗兹库尔从棚子后面走了过来。他得意扬扬地把他劈下来的鹿角摔到莫蒙爷爷跟前。老人家欠起身来。

奥罗兹库尔没有望他，提起一桶水，朝自己直倒过来，一边喝，一边冲洗身子。

“你现在可以死了。”他停住喝水，说了这么一句，就又去喝水。

孩子听到爷爷轻声说：

“谢谢你了，孩子，谢谢你。现在死也不可怕了。当然啦，这是看得起我，孝敬我，所以……”

“我要回家去。”孩子觉得浑身无力。

别盖伊姨妈不依他。

“你一个人去躺着，多没意思。”她差不多硬把他拖到她家里。让他躺到角落里一张床上。

在奥罗兹库尔家里，一切都已经准备好了，就等着开席了。炖的，炒的，样样齐全。所有这一切，都是奶奶和古莉查玛忙活着做的。别盖伊姨妈就在家里和院子里肉锅之间奔跑着。奥罗兹库尔和粗壮的黑汉子科克泰靠在大花被上，腋下垫着枕头，品着茶，专等着大开荤。他们不知为什么一下子拿起了派头，觉得自己成了王公。谢大赫玛特不时地给他们斟茶。

孩子一声不响地躺在角落里，又拘束，又紧张。他又发冷了。他想爬起来走掉，但他怕自己一下床，就会呕吐起来。所以，他为了不叫哽在喉咙里的一团东西冲出来，憋得抽搐着。他一动都不敢动。

一会儿，女人们把谢大赫玛特叫出去。接着，他就用一只老大的搪瓷碗端着尖尖的一碗热气腾腾的鹿肉进了门。他好不容易把这碗肉端了进来，放到奥罗兹库尔和科克泰面前。女人们随后又送来各种各样吃的。

大家开始就座，刀叉和碟子也都摆好了。这时谢大赫玛特挨次给大家斟酒。

“今天我来当伏特加总指挥。”他指着角落里的几瓶酒，哈哈大笑。

最后来的是莫蒙爷爷。今天老头子的样子非常奇怪，而且显得比往常更为可怜。他想随便凑到边上坐坐，但是粗壮的黑汉子科克泰很慷慨地请他跟自己坐在一起。

“到这边坐，老人家。”

“谢谢。我们是家里人，随便坐坐好啦。”莫蒙想推却。

“但您总是最年长的，”科克泰一面这样说，一面拉他坐在自己和谢大赫玛特中间。“咱们干一杯，老人家，恭喜您这一次马到成功。该是您来开酒。”

莫蒙爷爷迟疑地咳嗽了几声，清了清嗓子。

“愿这一家过得和睦，”他好不容易说出这话。“孩子们，谁家过得和睦，谁家就幸福。”

“这话对，这话对！”大家一面附和，一面端起酒杯喝起来。

“您怎么啦？不行，这可不行！您祝女婿和女儿幸福，自己却不喝酒。”科克泰责备发窘的莫蒙爷爷说。

“好吧，既然是为了幸福，我有什么好说的。”老人家连忙说。

使大家惊异的是，他将几乎满满的一杯酒一饮而尽。他一阵头晕，头晃了几晃。

“这才像话！”

“我们这老头子跟人家老头子不同！”

“我们的老头子是好样的！”

大家都在笑，大家都很满意，大家都在夸老头子。

屋子里又热又闷。孩子躺在那里非常难受，他一直感到恶心。他合上眼睛躺着，听到喝得醉醺醺的一桌人在狼吞虎咽地吃长角鹿妈妈的肉，在吧嗒嘴，在咀嚼，在哼哧哼哧地倒气，还把好吃的肉块让来让去，还听到碰杯的声音、将啃光的骨头放到碗里的声音。

“真嫩，什么肉都比不上这种肉！”科克泰一面咂嘴，一面称赞说。

“住在山里不吃这种肉，我们可不是那样的傻瓜。”奥罗兹库尔说。

“这话不错，我们住在山里是干什么的？”谢大赫玛特附和说。

大家都在夸长角鹿妈妈的肉好吃：奶奶也在夸，别盖伊姨妈也在夸，古莉查玛在夸，连爷爷也在夸。他们也用碟子给孩子端了肉和别的吃食来，但是他不肯吃。他们看到他不舒服，也就随他了。

孩子躺在床上，将牙齿咬得紧紧的。他觉得这样就可以不吐出来。但是，最使他难受的是，他觉得自己没有本事，拿这些打死长角鹿妈妈的人毫无办法。他出于孩子的义愤，出于绝望，在想着各种各样的报仇办法。他在想，怎样才能惩治他们，让他们懂得他们是犯了不得了的大罪。但是，他实在想不出什么更好的办法，只好在心中暗暗地召唤库鲁别克前来相助。是的，只有叫那个穿水兵制服、在那个暴风雪的夜里跟许多年轻司机一起来运干草的小伙子来。这是孩子所认识的人当中唯一能制服奥罗兹库尔的人，只有他能当面给奥罗兹库尔一点颜色看看。

……听到孩子的召唤，库鲁别克开着卡车飞驰而来，他横挎冲锋枪跳出驾驶室：

“他们在哪里？”

“他们就在那里！”

两人一起朝奥罗兹库尔家里跑来，一脚踢开房门。

“不许动！把手举起来！”库鲁别克在门口端着冲锋枪厉声喝道。

大家都慌了神。全吓呆了，都坐在原地动不得了。鹿肉在他们的喉咙眼里卡住了。他们这些酒足饭饱的人，一个个脸上油光光的，嘴上油光光的，油光光的手里还拿着骨头，全都一动不动地愣在那里。

“你给我站起来，坏蛋！”库鲁别克拿冲锋枪抵住奥罗兹库尔的额头，奥罗兹库尔浑身打哆嗦，趴到库鲁别克的脚下，结结巴巴地说：

“饶……饶命，别打……打死我……我！”

但是库鲁别克不理他这一套。

“出去，坏蛋！你完蛋啦！”他朝奥罗兹库尔肉嘟嘟的屁股上狠狠地踢了一脚，奥罗兹库尔只得站起来，走出门去。

所有在场的人都吓坏了，全都一声不响地走到院子里。

“站到墙根前！”库鲁别克朝奥罗兹库尔喝道，“因为你打死了长角鹿妈妈，因为你劈掉了它挂摇篮的角，判你死罪！”

奥罗兹库尔趴到地上。一面爬，一面号哭、哀叫：

“别打死我吧，我连孩子都没有呢。我在这世界上只有一个人啊。我没有儿子，也没有女儿……”

他那种蛮横、霸道的样子完全不见了！简直成了一个胆小如鼠、低声下气的可怜虫。这样的家伙真不值得一枪。

“好吧，咱们就不打死他，”孩子对库鲁别克说，“可是，要叫这个人离开这里，永远不准回来。他待在这里没有好处。让他走吧。”

奥罗兹库尔站了起来，提了提裤子，连头也不敢回，就慌慌张张地连忙逃跑，跑得脸上的肥肉直哆嗦，连裤子都要掉了。但是库鲁别克喊住了他：

“站住！我们要最后告诉你几句话。你永远不会有孩子的。

你是个又歹毒又下流的人。这里谁也不喜欢你。森林不喜欢你，每一棵树、甚至每一棵草都不喜欢你。你是法西斯！你滚吧，永远别回来。快点儿滚！”

奥罗兹库尔头也不回地跑了。

“嗖嗖……嗖嗖！”库鲁别克在他后面哈哈大笑，为了吓唬他，还举枪向空中打了两梭子。

孩子心满意足，高兴极了。等到奥罗兹库尔跑得没了影子，库鲁别克就对满脸羞臊地站在门口的所有其他人说：

“你们怎么跟这种人搞在一起？不觉得害臊吗？”

孩子觉得非常痛快。做坏事的人终于得到了应有的下场。而且他是那样相信自己的幻想，简直忘记了他这会儿在哪里，忘记了这会儿奥罗兹库尔家里正为什么在狂饮。

……一阵哄堂大笑，把他从美满的境界中拖了回来。他睁开眼睛，仔细听起来。莫蒙爷爷不在屋里。他大概到外面去了。女人们在收拾碗碟，准备端茶了。谢大赫玛特正在大声地讲着一件什么事情。坐在桌旁的人一面听，一面笑着。

“后来怎样？”

“快往下讲！”

“慢点儿，听我说，你讲，你要重讲一遍，”奥罗兹库尔一面笑得要死，一面要求说，“你是怎样对他说的？怎样吓唬他的？哎呀呀，真笑死人！”

“是这样的。”谢大赫玛特又乐滋滋地讲起他已经讲过一遍的事情，“我们当时骑着马朝鹿走去，鹿就站在树林边上，三头鹿都在那里。我们刚刚把马拴到树上，老头子就一下子拉住我的手，说:‘咱们不能开枪打鹿啊。咱们都是布古人,都是长角鹿妈妈的孩子啊!’他望着我,那样子就像个小孩子。还拿眼睛恳求我。我简直要笑死了。可是,我没有笑。相反,我倒板起脸来,说:‘你怎么,想坐牢是不是?’他说:‘我不想。’我说:‘这都是财主老爷们编造的神话,那是财主老爷们在他们掌权的黑暗时代,编出来吓唬穷苦老百姓的,你知道不知道?’他听了,张大了嘴巴,说:‘你说什么?’我说:‘我说的就是这个。你快别说这种鬼话了,要不然,我可不管你年纪这么大,我要写状子告你去。’”

“哈哈哈……”在座的人一齐大笑起来。

奥罗兹库尔的笑声比谁都响。他笑得非常开心。

“这样,后来我们就悄悄走了过去。要是别的野物,早就跑得不见影子了,可是这些呆头呆脑的鹿却不跑,好像不怕我们。我心想,这样才好呢,”喝得醉醺醺的谢大赫玛特连讲带吹。“我拿着枪走在前面。老头子跟在后面。这时,我忽然犹豫起来。我这一辈子连只麻雀都没打过呀。现在打鹿能行吗?我要是打不中,鹿朝森林里一跑,找都找不到。再也别想看到鹿的影子。鹿就会翻山跑掉。放掉这样的野味,谁又不觉得可惜呢?我们这老头子就是个好猎手,当年连熊都打过的。我就对他说:‘把枪给你,老头子,你来打。’可是他怎么都不肯!他说:‘你自己打吧。’我就对他说:‘我喝醉了嘛。’我一面说,一面就摇晃起来,好像站都站不住了。他是看到咱们把木头从河里拖出来以后,一起喝过一瓶酒的。所以我就装作喝醉了。”

“哈哈哈……”

“我说:‘我要是打不中,鹿就会跑掉,不会再回来了。咱们是不能空手回去的。这你是知道的。要不然，你就瞧着好啦。派咱们到这里来是干什么的？'他一声不响。也不接枪。我就说：'好，随你便吧。'我把枪一丢，做出要走的样子。他跟在我后面。我说：'我倒没什么，奥罗兹库尔要是撵我走，我就到农场干去。你这么大年纪到哪里去？'他还是一声不响。于是我就故意轻轻地唱了起来：

我骑红马下了红山，
叫一声穿红衣老板：
请你把门儿开开……"

"哈哈哈……"

"他相信我当真喝醉了。就走去拿枪。我也走了回去。在我们说话的工夫，三头鹿走远了一点儿。我说：'好啦，你看吧，鹿要是走掉了，就别想找到了。趁鹿还没有受惊，开枪吧。'老头子拿起了枪。我们就悄悄追上去。他像痴了一样，一个劲儿地嘟哝着：'原谅我吧，长角鹿妈妈，原谅我吧……'我就对他说：'你当心，如果打不中，你就跟鹿一起跑远些吧，最好就别回去了。'"

"哈哈哈……"

孩子闻着恶臭的酒气，听着大声的狂笑，感到越来越热，越来越闷。头又涨又跳，非常疼痛，简直像要炸开似的。他觉得好像有人在用脚踢他的头，用斧头劈他的头。他觉得好像有人拿斧头对准他的眼睛，于是他把头晃来晃去，拼命躲避。他正烧得浑身无力，忽然又掉进冰冷冰冷的河里。他变成了一条鱼。尾巴、身子、翅膀——都是鱼的，只有头还是自己的，而且还在疼。他在宁静、昏暗、冰冷的水底游了起来，并且在想，现在他要永远做一条鱼，再也不回山里来了。“我不回来了，”他自言自语地说，“还是做鱼好，还是做鱼好……”

谁也没有注意，孩子从床上爬下来，走出了屋子。他刚刚转过屋角，就呕吐起来。他扶住墙，呻吟着，哭着，并且含着眼泪抽抽搭搭地嘟哝说：

“我还是变成鱼好。我要游走，离开这里。我还是变成鱼好。”

在奥罗兹库尔家里，醉汉们在狂笑，在叫闹。孩子听到这种疯狂的笑声，就如雷轰顶，觉得非常痛苦和难过。他觉得，他身上难受，就是因为听到了这种奇怪而可怕的笑声。他歇了一会儿，就迈步朝外走。院子里空荡荡的。在已经熄了火的肉锅旁边，孩子撞在醉得像死人一样的莫蒙爷爷身上。爷爷躺在灰土里，跟长角鹿妈妈被劈下来的角在一起。狗在啃着鹿头的碎块。再就没有别的人了。

孩子弯下身，摇了摇爷爷的肩膀。

“爷爷，咱们回家去，”他说，“回家去吧。”

老人家没有回答，他什么都听不见，他连头也抬不起来。而且，他又能回答什么，说什么呢？

“快起来吧，爷爷，咱们回家去。”孩子说。

谁知他那孩子的头脑是否懂得，莫蒙爷爷躺在这里，是在为自己那长角鹿妈妈的故事的幻灭而痛心；是否懂得，是爷爷违心地背弃了自己要他终生信奉的东西，背弃了祖先的遗训，背弃了良心和自己珍贵的信念，而干这种事是为了自己苦命的女儿，也